〈政治参加〉する7つの方法

筑紫哲也＝編

講談社現代新書

目次

●プロローグ●

「市民」になろう

筑紫哲也

1935年、大分県生まれ。早稲田大学政経学部卒。朝日新聞社ワシントン特派員、「朝日ジャーナル」編集長、編集委員などを経て、89年よりTBS「筑紫哲也ニュース23」キャスター。著書は『メディアと権力』（新潮社）など多数。

1

「〈政治参加〉する7つの方法」というのが本書のタイトルである。

何かむずかしく、縁遠い話を書いている本だと思われるかもしれない。そうではないのだ、と誤解を解くのが、編者であり、こうやってプロローグを書いている者のつとめだろう。

そのために、個人的な話、身の回りの話から始めることにしよう。

私はいまテレビでニュース番組のキャスターと呼ばれている仕事をやっているが、映像と音声を用いて情報を伝えるこの仕事では、画面に姿をさらす役の私は実にいろいろなことをやらされる。

先日も、ゲームセンターとカラオケに出かけ、別の日には携帯電話のｉモードを使ってＥメールを送る手ほどきを女子大生の達人から受けた。

その全てが私にとっては初体験である。私は先端情報技術を用いた機器や遊びの全てに背を向けているアナログ人間、いわば古代人で、ソニーの出井伸之会長をして「筑紫さんが使える、使う気になる機器を作ることがわれわれの課題だ」と言わしめた人物である。

そういう私にとって、全ては苦手で、むずかしく、縁遠い。それを苦もなく操って楽しんでいる人を見ると、魔術師のように映る。

だが、カラオケや電子ゲームを楽しみ、インターネットを駆使している人たち、おそらく読者のほとんどは、そんな私のことをケラケラと笑うだろう。「そんなにむずかしいことではないんだよ、ほんのちょっと最初に習えば——」と。

何がむずかしいか、やさしいかを決めるのは、たいていの場合、当人に「その気」があるか、興味があるかである。

はたから見ていると、難行苦行と思えることも、やっている当人はそれをこなすからこそ、その先に楽しさがあるという場合が多い。ジョギングやシェイプアップのためのバーベル上げなど、その例だろう。ご苦労なことだ、「労働のために重い荷物を担いで走れ」と言われたらとてもやらないだろうに、と他人が思っても、本人は「その気」があるから苦にならないどころか楽しいのだ。

学ぶより慣れ——ということもある。

音声・映像《オーディオ・ビジュアル》の機器を使いこなすのが得意で、漫画や劇画も驚くべきスピードで読むことができる若い世代が、逆に活字の本を読むのには驚くほど時間がかかる。ここでは私のような世代が優越感に浸ることになる。

私は長い間、活字ジャーナリストで、職業柄、短時間に長大な活字を読みとばす必要に迫られてきたせいもあって、視力が衰えたいまでも、かなりの〝速力〟を保持している。だが、それより何より、小さいころからの慣れである。

この本の出版元は講談社だが、私の幼いころ、この社の正式名は大日本雄辯(弁)会講談社といった。

講談は口語体、会話体、それに略字を自由に駆使した、大人にも子どもにも楽しい読みもので、活字(本)の総量が乏しい田舎の山村で育った私は、級友たちが家の中から探し出してくる講談本を貸してもらう代りに、授業の休み時間に読んで聞かせる役をつとめたものである。今、漫画、劇画が果している役をやっていたのが講談だった。

それは版元にとって大衆娯楽の主力商品であったろうが、社名のもうひとつの由来である「雄辯」も、講談ほどではないにしても、ひとつの商品たりえた。弁舌、演説、政治討論がさかんに行なわれ、そのなかでの名演説は印刷され、本になったりした。戦時色、言論統制が強まった私の幼年時代に、この社が発行した「雄辯」という雑誌を読んだことがある同世代はそういないと思う。私にそういう稀有な体験があるのは、ひとえに〝活字飢餓症〟に陥っていた早熟のガキが読めるものは何でも飛び付いていたというにすぎない。

しかし、言論と討論を用い、説得を政治の武器にしようとした風土は、かつてこの国に存在していた——という証拠ではある。

「公開討論会」(第4章)は、私たちの歴史のなかで全く無縁のものでも、むずかしいものでもないのだ。

2

山村の小学校を卒業した私たちは、四年に一回、郷里に戻って同窓会を開く。オリンピックの年といつからか決まっている。そんなに間隔が開くのは、戦後の高度経済成長の〝歩兵〟として全国に散らばり、郷里の村に住んでいるのは三人しかいないからである。その村も近くの市(大分県日田市)に吸収合併されていて、行政区画としては存在していない。同窓会の楽しみは、当時は若かった恩師たちと再会することである。

そのころ、私たちの国には敗戦とともに「民主主義」が降りて来た。それまでの軍国主義・皇民化教育とは百八十度ちがう教育をしなくてはならない。

「そんなにうまく気持ちの切り換えができたんですか」

今ごろになって、私は同窓会の席で担任だった恩師に訊ねた。

「本当のことを言えば、何にもわからなかったんだよ。それで校長のところに行って、民主教育ってどうやったらいいんですかと訊いたら、年寄りの私にわかるはずがない、若い君らで考えてくれよ、と言われてね」

小、中、高校と、入った所と出た所が全てちがう典型的な転校生である私は、中学校は東京で入学した。

民主教育は制度の面では進行し、六・三・三制と呼ばれる学制が布かれ、私の年齢は「新制中学」の二期生に当たる。今、ただ中学と呼ばれているものが、当時は「新制」だったのである。二期生ということは、一期生の上級生がその上におり、その一期生には初めから上級生がいない。何しろ「新制」なのだから。勢い、彼らは下級生に対して専横的だった。気に入らなければ下級生を並べてなぐるとか、おどし上げる軍国教育の遺制は敗戦後もまだ健在だった。

ここで「民主主義」の出番がやってきた。

二年生になった時、私は生徒会を「民主的」に立ち上げる計画に熱中した。たとえば生徒会長らを選挙制にすれば、今や一、二年生は多数派を形成でき、三年生の上級生に数の上では対抗できる。動きを察知した上級生の数人が〝首謀者〟の私をひとりだけ呼び出して校庭の隅でリンチを加えた。罪状は専ら《もっぱ》「お前は生意気だ」ということだったが、多分そうだったとも思う。

こういう場合、それまでだと報復の手法は決まっている。今度はこちらが強そうなのを入れて「数人」になり、相手がひとりになる機会をうかがって襲えばよい。下級生にやられたというのは、上級生としてはそう大っぴらにしたくないだろうから、この〝各個撃破〟はそれなりの効果があるはずだ……。

だが、待てよ。世の中は民主主義じゃなかったか。何だかわからない主義だが、何事もみんなで話し合って決めていくのが民主的だと先生方は言っていたはずだ。

そこで私は先生たちに球《ボール》を返すことにした。事情を説明して、どうしたらよいかを相談した。先生たちにとってこの〝臨床例〟は難題だったようだ。初め、見解は二つに分れた。「生意気なお前が悪い」というのと「上級生が威張りすぎだ」というのと。

結局、この均衡を破ることになったのも、「民主主義」だった。上級生たちの威圧は民主的でないと判断され、以後の干渉は禁じられた。生徒会作りはその後は何の妨害もなく進行した。

というわけで、そういう時代の少年だった私にとって、民主主義についての最大の実感は「もう先生や上級生にいわれもなく、なぐられないで済む」という一事であった。

何かと言えば整列させられ、ビンタの嵐に見舞われ、目上の暴力が正当化されてきた軍国教育からの解放は、陰うつな曇《くも》り空の一角からぽっかり青空が見えてきたような思いだった。

3

大人たちの言うこと、やることが昨日と今日とではまるでちがう。しかも生きるか死ぬか、食うや食わずやの極限状態で右往左往する——幼時体験、少年期にそういうことを目撃した者は、年長者が年齢が上だということだけで尊敬するという習慣を失なってしまう。生れ付きの性格、転校生という環境もあったろうが、私には心の底から深く尊敬する年長者はほとんどと言ってよいくらいいない。

そんななかで、ごく例外的な存在が丸山真男「先生」だった。戦後日本が生んだ数少ない知的巨人だが、人格がそれに伴った稀有な人でもあった。

戦後〝最後〟の政治運動のうねり、一九七〇年代初めまでの大学紛争のなかで教壇（東京大学）を去っていったが、闘争の中心となったいわゆる全共闘世代がしきりに口にしたのに「戦後民主主義の虚妄」ということばがあった。「虚妄」は一種の流行語となり、戦後民主主義だけでなく、この国のあらゆるシステムが、そう言われれば「虚妄」に見えた。その戦後民主主義の担い手と見なされた丸山氏も全共闘世代の批判の標的となったのだが、丸山氏は「そうだとしても、私はあえてその虚妄に賭ける」と言い切ったことがあった。

全共闘世代は「団塊の世代」でもあり、この国の各世代のなかで圧倒的な多数派であり続け、今では各界、各分野で指導的、中核的な役割を演じている。少年事件が頻出しているがその多くは「団塊ジュニア」、つまりこの世代の子たちだ。団塊世代はその上とその下の世代にはとかく評判が悪く、彼らに対して「甘い」と言われてきた私にも彼らに対して一定の批判はある。しかし、彼らが言ったのとはややちがう意味で、戦後民主主義は「虚妄」だったかもしれないと思う。

それを十分に使いこなしていない、そのなかみを充実させてこなかった、という意味で――。

たしかに敗戦とともに、それは理念と制度としてはやって来た。だが、それは不断の努力がないと崩れ去ってしまう砂の城のようなものなのだ。

丸山氏の著作のなかで、短かい文章なのによく引用されるのに『「である」ことと「する」こと』というのがある。それにならって言えば、仕組みとして民主主義「である」ことと、実際に民主主義を「する」こととはちがうのだ。民主主義「である」ためには、それなりの努力を「する」ことが求められる、民主主義とはそういう種類の営みなのだ。

「虚妄」がその代表例だが、この国に民主主義についての幻滅、冷笑、諦念が拡がっていったなかで気付いたことがある。

たまに選挙に投票に出かけること以外に、民主主義について実体験も実感も持ち合せない人たちが実に多いことである。しかも世代が下れば下るほどそうなのだ。幼時体験として、そこに「青空」を見た私の話など、彼らは古代人の話を聞くような顔をする。逆に彼らの初等教育のころの話を私が訊ねると、出てくるのは管理と抑圧の息苦しい話ばかりだ。「生徒会なんて、後《うしろ》に先生の手が回っている形式にすぎなかった」。

少年犯罪の突出(件数はふえてはいない)とともに、大人たちは戦後教育が子どもに権利ばかり教えて義務を教えなかった、自由放縦にしすぎたとしきりに言う。が、それはせいぜい一半の真にすぎず、むしろ逆ではないかと私は思う。寄ってたかって大人たちが抑え込みすぎたからこそ、暴発する者が出たのではないか。本当は、管理・抑圧が過ぎて、去勢同然、元気がなくなった子どもたちのことをもっと心配したほうがよいと私などは思うのだが、いずれにしても子どもの世界で起きていることはいつも大人の世界の反映にすぎない。民主主義についても同様である。

4

「民主主義とは政府の最悪の状態だ。これまで試みられてきたほかのあらゆる形態を除いて」

そう言ったのはイギリスの首相だったウインストン・チャーチルである(一九四七年、英議会で)。長い間、政界の暴れん坊、異端児でありながら第二次大戦という国家の非常時には救国の宰相となったチャーチルらしい皮肉の籠った表現だが、この有名なことばには前段がある。

「だれも民主主義が完璧だと装うことはできない」というフレーズである。

「虚妄」呼ばわりの対極には、民主主義を至上最高の政府の形態と見なす美化があり、その実は形骸化し、欠点だらけの代議制民主主義の実態への幻滅がある。だからと言って、それより秀れた代案があるわけではない。だとしたら、その欠点を絶えず自覚しつつ、少しでもよりましなものにしていく努力をする——というリアリズムがない限り成り立たない制度なのである。

制度的欠陥はあげていけばキリがないくらいである。その最たるものは、民主主義とは読んで字の如く「民が主人公である制度」、国民主権、主権者と言いながら、代議制の下では投票日だけの「一日だけの主権者」に私たちがなりかねないことである。

「私たちにはどうすることもできない」

「自分がやれることはたかが知れてる」

「だれがやっても同じこと」

町行く人にマイクを向ければいつも、そういう声が返ってくるのはこのためだ。

諦めから来る無力感、無関心、さらには冷笑主義《シニシズム》が拡がっている。

この制度が普遍的になるまでに、人類は歴史上、さまざまな辛苦を重ね、しばしば戦争と革命の流血を伴ってきた。そうやって血で購うことまでして獲得したものなのに、いったん政治的に「先進国」となると、投票率は下降していく。「のど元過ぎれば熱さを忘れる」側面もあるだろうが、私は心理的な側面がひとつあると思う。

一言で言えば、これは「不愉快な制度」なのである。教育水準が上がり、個人として行動する自由が拡がり、自我が育っていけばいくほど、その自分が投票所に出かけていくと他の有象無象(と、それぞれの「自分」には思える)と同様に「ただの一票」にすぎない、という〝屈辱〟を覚悟しなくてはならない。しかも、その「一票」は、何十万、何百万もの票のなかの一滴でしかない、という自分の「小さな存在」を思い知らされる機会でもある……。

それよりも「観客民主主義」の「観客」の側に回って、高見の見物に徹し、グラウンドで右往左往するプレーヤーたちを冷笑しているほうが心理的損傷は少なくて済む。

実は「観客」であることが、ゲームに参加すること以上に試合結果に大きな影響を及ぼすことも多いのだが、中途半端な自我と識見に身を固めた者はそういうことを見ようとはしない。見たくもない。

この関係を劇的に見せてくれた最新の例は二〇〇〇年のアメリカ大統領選挙である。

民主主義の本家を自任し、世界中にそれを普及(押し付け)することに熱心なこの国が醜態をさらし、この制度が「完璧」でなどないことをまたもや実証した選挙だった。だが、あのような僅差で、世界でもっとも強大な権力を持つ指導者が選出されたという事実は、その前任者（クリントン前大統領）が指摘したように「もはや自分の一票が何の力も意味もないとは言えないだろう」。「観客」のなかのほんの一握りでも、スタンドを降りてゲームに加わっていたら、その動向次第で決定的役割を演ずる機会があった選挙だったのである。

5

「国民はその水準以上の政府を持つことができない」

有名すぎるくらい有名な、この民主主義をめぐる金言で「政府《ガバメント》」と言っているのは、チャーチルの場合と同様、司法、立法、行政の三権を包括する政治形態の総体のことだろう。たしかに究極的にはその通りだろうが、たとえ国民が一定の水準を持っていたとしても、それが反映されにくい制度と実態が罷り通ることもある。私たちの国がそうである。

長い間、官僚が「お上《かみ》」と呼ばれ、彼らが民間に転出すると「天下り」と称される官僚主導国家で、彼らは主人公（国民）の「公僕《パブリック》」にはなっていない。行政府のなかでも、住民と民主主義にとって地域政府《ローカルガバメント》の役割が実は大事なのだが、それは「地方自治体」と意図的に〝誤訳〟されていて、しかも与えられているのは「三割自治」に過ぎない。

中坊公平氏によれば、司法はもっとひどく「二割司法」の状態であり、国民と社会が使いこなす道具とはなっていない。

三権のなかでは「国権の最高機関」である立法府のみが、不完全な形ではあるが国民の手が届きそうな姿をしている。が、せっかく有権者が「審判」を下しても、政治家たちが、それをねじ曲げたり、ごまかしたりすることが続いている。

こうしたことの積み重ねで、私たちの国は機能不全に陥ってしまった。さすがにそのことに今では多くの人が気付くようになった。不十分ではあるが制度自体を改めようという動きも出てきた（地方分権、司法改革など）。

とは言え、どんな仕組みにも、「完璧」はないし、結局それを活かすも殺すも、それを用いる人次第である。

つまりは、私たちひとり一人次第なのである。あらゆる面で行き詰まりが明らかになっている今、私たちの出番と機会はふえている。

では、どこに突破口はあるのか。

そのいくつかの具体的な方法を、そして向かうべき方向をまとめてみたのが本書である。

こうしたテーマを扱う時、私がいつも不思議だと思うことがひとつある。

司法改革で陪審制度の導入の是非が論じられる時などもそうだが、「日本人には向かない、日本の風土にはなじまない」といった論がすぐ出てくることである。

これほど自分たちの能力を過小評価し、卑下し、さらに言えば侮辱した論もない。が、「お上《かみ》」などの権威に弱く、羊のように従順で、集団主義で行動する傾向が著しく、付和雷同性が強い、等々とたちどころにいろいろな理由が列挙される。さらに厄介なのは、こうした論者自身が権威主義的で、「民」を能力に欠ける上に放っておくとどこに行くかわからない愚かな「衆」と見なす傾向が強いことである。この愚民観の一例は彼らが「ポピュリズム」(人民主義)を大衆迎合という否定的意味でしか用いないことだが、原産地のアメリカではたいていの大統領候補者(挑戦者)は初めはポピュリスト的色彩をまとって登場する。むしろ肯定的なニュアンスが強い。

最初に述べたように、たいていのことは、その気があり、学習して慣れれば、そんなにむずかしくも面倒でもない。

日本人は政治よりも経済のほうが得意な国民とされてきたが、その経済の強さを支えてきた、意外に気付かれていない側面は、供給側だけでなく需要側の特性である。「日本人は世界でもっとも細かく貪欲(delicate and demanding)な消費者であり、日本の市場で成功したら、世界のどこでも通用する」という鉄則を日本に進出した外国資本は学んだ。この面ではおとなしくも、集団主義的でもない。現在の景気低迷も、GDPの六割を占める個人消費が伸びないことが主因であり、いくら政府が太鼓をたたいても踊らない、手強い消費者が存在するからである。

私たちは、経済だけでなく政治でも、賢くて手強い「消費者」になれないものか。

なれる、と私は思う。

答は、単なる「消費者」ではなく、真の意味での「市民」になることだと思う。

それは今、安易に使われるほどには歴史的には簡単になれる身分ではなかったのだが、現代風に定義し直せば、「自分で考え、自分の責任において行動する者」「志を持つ者」「簡単には諦めない者」といったさまざまな言い方がある。

「市」(地域)という以上、地域社会での役割と責任がなかでも重要な資格要件であろう。地域の総和がたまたま国家なのだと考えないと、易々と古い「天下国家論」にからめ取られてしまい、中央集権的発想に陥ってしまうが、世界化《グローバル》のなかでもはやそれは通用しない。

「政治参加の方法」とは「市民になるための方法」でもあるのだ。

◉第1章◉

情報公開が政治を変える

高橋利明

1938年、東京都生まれ。早稲田大学法学部卒。弁護士。「情報公開市民センター」代表、「全国市民オンブズマン連絡会議」幹事。編著に『日本を洗濯する』(教育史料出版)など。

行政の「情報独占」を破ろう

二〇〇一年一月、外務省の松尾克俊・元要人外国訪問支援室長の公金横領事件が発覚し、新聞各紙が連日報道合戦を繰り広げた。その後の二月時点までの報道で、松尾元室長へ渡った機密費は、内閣官房と外務省の随行者の宿泊差額金として渡されたもので合計九億六五〇〇万円となり、これらのお金は複数の松尾個人名義の銀行口座に入金され、うち少なくとも五四〇〇万円を横領した、との事実が明らかになった。

内閣と外務省両官房の管理のずさんさは改めて指摘するまでもないが、こうした犯罪――組織的な犯罪であることが疑われる――が、ながく続けられた背景には、国の情報公開制度の整備が遅れていて、「機密費」に限らず、その周辺の公費支出についても国民の目がふさがれていた事実が指摘されなければならない。

二〇〇〇年四月二日、当時の小渕恵三首相が公邸で倒れた。密かに緊急入院となったが、首相は「公邸で政策の勉強などして過ごす」とウソの動静を秘書が発表した。そしてその間に、後に「五人組」と呼ばれる自民党中枢幹部の手で次期首班が密室の中で決められていったのである。三日午前になって、青木幹雄官房長官（当時）が「臨時代理の任に当たるべく指示を受けた」と発表して、総辞職・首班指名の手続きが行われて行くのだが、病状についての詳しい説明はなく、それが医師団から公表されたのは前首相の死亡時で、入院から一ヵ月半もあとのことだった。

不透明な手続きの中で行われた内閣総辞職と首班指名に、今なお法的な疑念が拭い去られていない。一国の総理の執務不能の病状が国民に知らされないこの国の政治の不思議さは世界に例を見ないが、五人組の脳裏には、二〇〇一年四月から施行された情報公開法の精神などは、およそ思い浮かばなかったにちがいない。

情報公開法の前書きには、「この法律は、国民主権の理念にのっとり、行政文書の開示を請求する権利につき定めること等により、行政機関の保有する情報の一層の公開を図り、もって政府の有するその諸活動を国民に説明する責務が全うされるようにするとともに、国民の的確な理解と批判の下にある公正で民主的な行政の推進に資することを目的とする」とあるのである。法律ができてもその運用責任者には、「説明責任を全うする」という自覚は、からきし持ち合わせがないようだ。

しかし、国民からの一枚の請求書で、情報の開示が迫られる時代となれば、こうした秘密主義も続けられなくなる。

少し時間を戻すならば、国の情報公開制度がもっと早く動き出していれば、多くの人命が救われたはずだし、巨額の税金や国家財政がムダに使われずに済んだはずである。薬害エイズによる多数の死者と住宅金融専門会社（住専）の破綻処理失敗に発する底なしの財政投入のことである。

薬害エイズを発症させた輸入非加熱輸入製剤の危険性は、八二年ないし八三年には、アメリカから逐次入る情報で相当程度判明していたのであり、厚生省が収集していた資料「エイズファイル」などが公開されるシステムであったなら、危険情報の隠匿はありえず、五〇〇名の患者の命をも救うことができたはずである。

今日の金融危機は住専の破綻とその処理の失敗に端を発する。大蔵省は、九一年ないし九二年の第一次立ち入り調査で住専の破綻をつかみ経営再建に取り組むが、九三年二月三日には、住専から融資引き揚げを図ろうとする農協系統をなだめるために、大蔵・銀行局長と農水・経済局長との間で、農協系統の金利等を優遇する密約「覚書」を作成し、大臣にも報告しないまま、失政を隠すために水面下で収拾策を模索するのである。しかし、間もなく破綻は表面化し、次々に巨額の公的資金が投入される結果になったことは、あらためて説明の要はないだろう。これも、行政の情報独占システムがもたらした失政である。

情報公開制度は、行政の情報独占を破るということである。

よく知られていることだが、アメリカ憲法の起草者の一人、ジェームズ・マジソンの次の言葉が、行政情報公開の必要性をよく言い表している。

「人民が情報を持たず、情報を入手する手段を持たないような人民の政府というのは、喜劇への序章か悲劇への序章にすぎない。知識を持つ者が無知な者を永久に支配する。自らの支配者であらんとする人民は、知識が与える権力でもってみずからを武装しなければならない」

わが国では、もうすでに十分に悲劇と喜劇を味わってきた。そして、なお一層の喜劇と悲劇が繰り返されようとしている。

もうこの辺でこれに終止符を打たなければならない。といって、目をつり上げて力む必要はない。国民が、住民が、思い思いの事柄について、それぞれ一枚の「情報開示請求書」をもって、地方自治体の窓口へ、あるいは霞ヶ関や国の地方出先機関の窓口へ出かけ、情報の開示を求めるならば、沈滞しきった、腐りきった官や政治の社会にも風穴を開けることができるはずだ。

二〇〇一年四月一日、情報公開法がようやく施行となった。世界ではじめて情報公開法ができたのはスウェーデンで、同国での法の制定は一七六六年のことであるといわれる。いま世界をリードするアメリカの「情報自由法」の制定は一九五〇年、ヨーロッパ主要国ではすでに情報公開制度は整備されており、イギリスは情報公開の要綱で実施してきたといわれるが、二〇〇〇年一一月、情報公開法が成立した(施行は二〇〇二年四月)。カナダ、オーストラリア、ニュージーランドはすでに制定されている。アジアでも、韓国は九六年に情報公開法を制定し、施行されている。このように、わが国は世界に何周か遅れての近代国家入りなのである。

これまでは、国民は政府が秘密主義をとってきたと批判していればよかったかも知れないが、情報公開法が施行されてから、この法律を使わないまま秘密主義がもたらす悲劇と喜劇が繰り返されるならば、批判されるのは政府ではなく、国民だということになる。そして、その被害を受けるのは、もちろん私たち国民だ。

本章は、筆者が市民オンブズマン活動を通じて行ってきた情報公開請求への実践的ないざないである。そして、この目的が幾分かでも果たせるなら、筆者の望外の幸せである。

1——市民オンブズマンが暴いた地方自治の実態

「食糧費」の開示請求で官官接待の追及

「全国市民オンブズマン連絡会議」がこれまでにやってきたのは、都道府県の情報公開窓口に行って開示請求書を出し、入手した資料を分析してその結果を住民の前におく、というものであった。

九五年四月二五日、全国各地の市民オンブズマンたちは、それぞれの都道府県庁の情報公開窓口に全国一斉で、九三年度の「食糧費」支出決裁文書の開示請求を行った。都道府県の中枢機関である秘書課・財政課や、道府県が東京・永田町近辺に構える東京地方事務所を通じて使った食糧費の「支出伺い・業者の請求書・領収書」の閲覧、コピーをさせよと要求したのである。かつて、このような請求が行われたことはない。当時、「食糧費」というのは耳慣れない言葉であったが、「食糧費を洗え」という啓示は、ゼネコン汚職の周辺調査で活発な活動を行っていた「仙台市民オンブズマン」に、市役所内からもたらされたものであった。

仙台市民オンブズマンでは、この内部情報に基づく宮城県に対する情報公開請求で、年間六十数件の「食糧費」支出の決裁文書を入手したが、飲食した店が異なるのに同じ筆跡の「請求書」や「領収書」があり、また、請求書に記載されている一人当たりの酒量は、うわばみがとぐろを巻いて酒盛りをしたのではないかと思われるほどであった。彼らは、その「懇談会」のかなりの部分は「カラ接待」であると確信した。こうして彼らは全国の市民オンブズマンに呼びかけ、前述の全国一斉請求となったのである。

和歌山県の例をのぞき、各地で開示された「支出伺い」や請求書・領収書は、黒々と墨が塗られていたが、資料を点検していく市民オンブズマンのメンバーからは、驚嘆と嘆息の入り混じった声が次々に上がった。地方自治体の東京事務所駐在職員が夜な夜な赤坂や青山界隈で繰り広げる霞ヶ関中堅幹部との「懇談会」、一晩で五〇〇万円が消える県庁挙げての大パーティ、大臣級の接待なのか「お一人様一〇万円」の豪華宴席、「高級ワイン試飲会」ともいうべき一本三万円をこえるフランスワイン(複数)やシャンパンの請求書、そして、時として、「花代」やコンパニオンが伴う宴会・パーティの開催、「二次会」「三次会」「カラオケバー」からの請求書。開示された膨大な資料が語ったのは、床柱を背に杯を手にする霞ヶ関中堅幹部、にじり寄る自治体・東京事務所幹部の姿であった。

知事の中には、こうした公費支出を予算獲得の必要経費と言ってはばからない人もいた。確かに、二割自治とも三割自治ともいわれる地方と中央との権力関係図が、これらの請求書や領収書からも透けて見えた。道府県の中には、接待が年間一〇〇〇件を越すものが少なくなかった。土日をのぞくと日々四件ほどの割合となる。東京地方事務所職員は肝臓が強くないと勤まらない、ということだ。

税金で公務員が飲食を重ねる。それが内部では普通になって、食糧費は身内の慰労会にも使われるようになる。そして、会計年度末、余った予算を「カラ接待」で溜め込み、課内の冠婚葬祭の交際費にまわす。公務員倫理は底なしに低下していったのではなかったか。

麻痺していた事実を示すものだ。

復命書の請求で「カラ出張」を調べる

「カラ出張」や自由旅行とでも呼べる職員の視察出張も、公私を区別する感覚が組織的に麻痺していた事実を示すものだ。

全国市民オンブズマン連絡会議は、九六年に全国一斉情報公開請求の第二弾として、自治体や職員の不正を監視すべき任務を負っている監査委員とその事務局を中心に、彼らの管外出張の記録、旅行命令簿・旅費領収書・復命書（出張報告書）などの開示請求を行った。余力のあるところでは、一般職員の出張も調査した。「カラ」を証明するには、支出決裁文書の入手だけでは話にならない。全国でいろいろな苦労があった。

阪神大震災の日（始発から新幹線はとまる）、群馬県や三重県ではその日に九州に出張している記録を見つけ出した。佐渡島にある県の出張所からは、佐渡汽船が全便欠航しているのに新潟市にある県本庁との間を往復している出張記録も見つかった。東京都の監査事務局では、「出張先」には来訪記録もなく、出張先での面会者の名刺さえ添付されていない出張報告書がいくつも出てきた。問いただして行くと、「札幌・北海道庁への出張が知床半島」という例や、住民監査請求が五年間も出ていない日本海側のある県へ監査請求の勉強に行く、という何ともしまらない仕事ぶりも出張報告書から炙《あぶ》り出された。ひどいのでは、「（出張先の）県庁の受付へ行って帰ってきた」と答えた者もあった。食糧費支出もそうなのだが、「カラ出張」はより組織的な犯罪で、全庁が阿吽《あうん》の呼吸で住民が納めた税金をくすね取る機構になっている感があった。「全体の奉仕者」(憲法第一五条二項)などという言葉はもう死語になっているようだった。

「入札結果調書」で談合を証明

九七年には、全国の公共事業の入札状況を点検した。自治体からの指名で参加した各企業の入札金額や落札結果を示す「入札結果調書」を、全都道府県庁で開示請求して一万四〇〇〇件ほど集めた。入札が二回三回とやり直されることがある。そうした記録を調べると、一番札を入れた企業は、二回目も三回目も必ず一番札となっており、しかも、その金額はほとんど変わりがない。その他の企業は、入札の金額も変われば順位も大きく変わるのにである。

私たちは、この大量の資料から、入札には一つの法則があることに気付いた。それは「一位不動の原則」である。しかも、落札金額は発注者が設定している「予定価格」(入札上限価格)にスレスレでもあったのである。これは指名された入札企業の事前の打ち合わせと発注者側からの懇切な情報提供がなければ出来ない芸当である。結果的に談合が成立しなかった事例は、集めた資料からは、ほんの二パーセントあるかなしかであった。一万四〇〇〇件の入札結果調書は、みごとに談合列島の実像を語ってくれたのである。

効果的な談合は官側の協力なしには行い得ないこともこれらの資料は示していたが、二〇〇〇年五月に摘発された北海道庁の官製談合で、この推測が本当であったことが裏付けられた（この頃、各紙報道）。受注者の決定には行政側の裁量が大きく働き、時として指示することさえあった。そして、有力議員の口利きがあり、その見返りにゼネコン・土木企業は集票を請け負い、公共事業至上の行政が守られて行く。談合は高値落札という税金のムダだけでなく、官と業者の癒着・天下りを生み、かつ住民大衆を代表しない特定利権集団の代表（議員）によって自治体行政が動かされて行くという、二重三重の弊害を生み出す温床となっているのである。

自治体財政を圧迫する「塩漬け土地」

九九年からの「塩漬け土地」（五年以上抱える不良資産）の調査は、地方自治体執行部の無責任さを改めて印象付けた。

土地が値上がりした時代に、別働隊としてつくった自治体の土地開発公社が議会の議決なしに公用地を先行取得する制度ができた（一九七二年「公有地の拡大の推進に関する法律」制定）。議会があっても有効な行政監視などできないのだから、その議会の甘いチェックさえ受けないという公有地取得制度では、首長の裁量が過大となり土地開発公社が不良土地の吹き溜まりとなることは目に見えていた。そして、不良土地の取得にはかならず古手議員の口利きが伴う。

全国市民オンブズマン連絡会議の「塩漬け土地専門委員会」は、二年をかけて全国の開発公社の土地保有状況を追いかけてきた。各地の市民オンブズマンに地元自治体での資料収集を呼びかけ、また、自治省(当時)にも全国のデータの公表を要求しつづけてきた。そうした作業の結果、自治省は二〇〇〇年九月に全国一三六〇ほどの土地開発公社が抱える長期保有地の数と額を公表した。

委員会のリーダーである税理士の奥田久仁夫は、この資料を基礎に各自治体の財政基礎体力ともいうべき「標準財政規模」に対する「塩漬け土地」の比率などを算出した詳細なデータをつくった。それによると、土地開発公社の総保有額は八兆二九〇〇億円で、塩漬け土地額はそのほぼ半分の四兆四〇〇億円であり、総保有地の標準財政規模に対する土地保有率は一七・五パーセントに達していた。五年未満の保有地もけっして転売が易しいわけではない。この惨状を招いたのは自治体の責任ばかりではなく、中央政府が景気浮揚のため土地買いを慫慂《しょうよう》した経緯もある。時価は簿価の数分の一というだけでなく、崖地や傾斜地も珍しくない。売ろうにも買い手はなく、抜本的な解決策はいまのところ見つからない。

情報公開度ランキングの実施

九六年一〇月、全国市民オンブズマン連絡会議は、都道府県庁の、懇談会費・出張旅費の開示度、コピー料金、請求から開示までの期間、閲覧手数料の徴収の有無などの項目を設定して、全国一斉に開示請求を行った。以後、二〇〇一年まで五回を数え、毎年二月ないし三月に調査結果を公表してきた。

調査項目は、その後官官接待がなくなり、職員の出張もガラス張りになって、懇談会費や出張旅費は対象から外れ、首長交際費や議長交際費、警察関係の支出決裁文書、予算概算要求書が加わったりすることになる。

このランキング調査は、新聞各紙やテレビで報道され、市民の関心も呼んで、自治体にも大きな影響を与えたと思われる。宮城県や北海道、三重県は、こうした機会に行政の透明度をあげる施策をとった。そして、知事部局の透明度は全国的に確実に上昇した。

九五年当時には、懇談会に参加した民間人の氏名はもとより、接待側の公務員氏名も墨ぬり、宴会や懇談会を開いたホテルや料亭などからの請求書については、請求している企業名(普通、「債権者」と呼ばれる)も墨ぬりで公開してきた。ものが少なくなかった。それは、債権者とグルになって水増しの請求書を作らせたり、自分たちの飲食に使っていたの

総合順位	前回順位	自治体名	総合順位	前回順位	自治体名	総合順位	前回順位	自治体名
1	1	宮城県	17	5	愛知県	32	40	福井県
2	2	北海道	18	20	岡山県	34	6	新潟県
3	3	三重県	18	25	熊本県	34	28	鹿児島県
3	4	高知県	20	11	滋賀県	34	31	大分県
3	8	岩手県	20	19	山口県	34	37	茨城県
3	10	愛媛県	20	21	埼玉県	38	14	石川県
3	41	長野県	20	23	和歌山県	38	35	奈良県
8	7	秋田県	20	25	長崎県	38	失格	静岡県
8	25	兵庫県	20	35	栃木県	41	32	島根県
10	12	大阪府	20	失格	山形県	42	38	福岡県
11	13	沖縄県	27	9	京都府	43	38	佐賀県
11	14	鳥取県	27	22	福島県	43	42	宮崎県
13	14	青森県	27	23	徳島県	43	44	富山県
13	17	神奈川県	27	30	千葉県	46	34	広島県
13	17	岐阜県	27	43	山梨県	失格	失格	東京都
13	33	香川県	32	28	群馬県			

2001年都道府県情報公開度ランキング

を隠すための方便だったのである。それなのに、情報公開訴訟では、被告自治体は住民に対して、「メニューや価格も事業上のノウハウで、公開すると企業の利益を損なう」などと、自分たちの不正隠しが公益にかなうかのような主張を、恥ずかしげもなく裁判所で繰り返していたのだ。全国の仲間が、せっせと反論の準備書面をつくり、その甲斐あって、各地の裁判所も「公開すべし」の判決を積み上げた。現在は、知事部局の通常の支出決裁文書では、債権者の取引金融機関名や口座番号等を除くとこのような墨ぬりはなくなった。隠すべき不正がなくなれば、馬鹿ばかしい墨ぬりもなくなるのである。

　公安委員会・警察関係の文書は、依然としてまったく出さないか、開示しても墨ぬりが多い。しかし、情報公開法の制定で、条例の改正が相次いでおり、警察関係文書の公開も順次進むはずである。

議会・議員の仕事ぶりを点検

都道府県議会の公開度や議員たちの仕事ぶりも調べてみた。

議会の公開度を九八年と九九年に調査したが、こちらが目を覆いたくなるくらいだ。委員会の公開だが、「会派の申し合わせで非公開を決めている」とか、「傍聴席は設けていない」という議会がある。議会活動の華と思われる委員会の議事録も、九八年で二八の道府県が公開していなかった。しかし、一年の間でも改善が認められ、九九年には委員会が「原則公開」となった議会は、一四から三六に増えた。住民の関心も高いとは言えないが、総じて議会は自分で議会に目張りを施しているようだ。

都道府県会議員の税金での海外旅行は盛んだ。一〇日から二週間の日程で、費用は一二〇万〜一五〇万円という豪華旅行。ほとんどの議会がやっていた。海外での公務として組まれた視察訪問の日程は、三日あるいは三回というのが相場。行き先は、きまって人気のある観光地。例外もあった。群馬県の議員さんたちは南極に視察に行った。普通の人はなかなか行けない。議員さんはオーロラや氷の大平原なんかを見に行ったのではなく、三〇年先の環境を心配して、オゾンホールの観察、勉強に行ったのだと考えたいが、とにかく海外旅行の効用は認めるとしても、明日の議会審議に具体的に役立つ視察先が見当たらなかったことは、調査に当たったものの一致した感想であった。

都道府県会議員たちの国体協賛という名目の、職員をお供にした公費でやる毎年の議員野球大会といい、第二の議員報酬ともいわれる領収証不要の「政務調査費」といい、東京出張という申告だけで渡しきりの旅費が出る制度といい、ただをこねる議員さんたちを黙らせるための行政側のサービスぶりは、いたれりつくせりだ。そのおかげで、自治体執行部の提案が、議会で否決されるなどということはめったに起きない。住民は外に置いて、執行部と議員さんたちは、毎日笑顔でハッピーに過ごす。

私たちも、中には情熱を持って一生懸命仕事をしている議員さんたちがおり、またまじめな議会があることも知っている。だがしかし、議会の大勢を見れば、議会が自治体の行政執行を住民のために監視、監督しているとは到底言えるものではない。むしろ、行政の予算配分にぶら下がって、そのおこぼれに与《あずか》っている、という姿が浮かび上がってくるのである。

2――情報公開制度の歩み

八二年に山形県金山町で誕生

わが国で一番早く制定された情報公開条例は、山形県金山町の「金山町公文書公開条例」である。制定されたのは一九八二年三月のことだ（施行八三年四月）。

金山町ではその後、この制度は住民にどう活用されてきたか。役場によれば、制度導入から約一八年間で、請求の総件数は三七件であったという。そのうち、九九年度と二〇〇〇年度に地元オンブズマンから、職員の旅費支出や公共事業の入札調書などの請求が一七件あったというから、その前の活用は二〇件ということになる。

わが国最初の公開条例の「個人氏名」を非開示にする基準については、「個人の思想・信条・宗教・職業……その他もっぱら個人に関することで、公開することにより個人の権利・名誉・利益又は幸福を害するおそれがあると認められるもの」と、いわゆるプライバシー保護型が採用されている。その後に制定される多くの都道府県条例は、個人氏名であれば原則として非開示ととれるような規定が作られて行くのだが、先進金山町の条例は、この点、凛としたものとなっている。

「食糧費」の公開請求で窓口は活況

都道府県のレベルでは、条例を制定して最初にこの制度を導入したのは神奈川県で、施行は八三年四月である。そして、順次都道府県での条例制定は増え、一九九〇年代後半には条例や要綱で、全都道府県が制度をもつようになった。しかし、住民の利用件数はというと、いささか寂しいものがあった。利用件数が少ないのは金山町だけではなかったのである。

こうした状況について、総務庁（当時）の「情報公開問題研究会」の中間報告は、一九九〇年当時の公開状況について、①一部の地方公共団体においては、比較的利用されているが、ほとんど利用されていない地方公共団体も少なくない、②多くの地方公共団体では、自己の利害に関わる利用あるいは自己情報に関わる利用が多い、③特定のものからの興味本位の利用が多い、などと総括していた。

各地での情報公開の請求件数が急増したのは九五年のことである。各地の市民オンブズマンやマスコミの「食糧費」の請求で、情報公開窓口は一挙に活況を呈した。

筆者は、衆議院の佐々木秀典議員と共同して全都道府県にアンケートを実施し、九四年以降の情報公開請求件数を調査した。九五年の食糧費の全国的な調査で請求件数が一挙に増加した。九五年度の請求件数は、九四年比で、秋田県で六一七倍、北海道では三〇一倍、高知県で九七倍、どこも数倍から一〇倍というにぎわいになったのである。

食糧費を使った官官接待については、九五年八月、接待を受けていた中央省庁側でも相次いで自粛通達を出し、自治省からも地方自治体へ通達が出、会計検査院も監査に入るなどして、長年続いた「悪しき慣行」は廃止になった。大阪大学の松井茂記教授は、著書『情報公開法』(岩波新書)で全国市民オンブズマン連絡会議の活動を紹介し、「情報が公開されて不当な接待による公金支出に大きな歯止めがかけられたという点では、高く評価されよう。情報公開制度の存在がその目的をはたした代表的な事例といってもよいのではなかろうか」と評された。

二〇〇〇年度の条例整備状況

二〇〇〇年四月一日現在の公開条例等の整備状況だが、全都道府県に「公文書公開条例」が制定されているほか、自治省の集計によれば、議会を情報公開の対象としている都道府県は二五団体に増えている(北海道、青森県、岩手県、秋田県、宮城県、栃木県、埼玉県、東京都、神奈川県、石川県、山梨県、長野県、岐阜県、三重県、滋賀県、京都府、奈良県、鳥取県、愛媛県、香川県、高知県、福岡県、佐賀県、鹿児島県、沖縄県)。そして、市区町村では約三三〇〇の自治体のうち一三七九団体が条例(要綱等)を備えている。自治体の条例等整備率は、全体では四三・二パーセントだが、区は一〇〇パーセント、市では八五パーセント強に及んでいる。だから、市部に居住する人々は、自分の住む自治体の情報をとろうと思えば、一枚の「情報開示請求書」の提出ですぐにも手が届く状況にあるのである。

公安委員会・警察本部長についてだが、九九年一〇月に三重県が導入に踏み切ったのを皮切りに、二〇〇一年一月一日現在では、二七の都道府県がこれを実施機関に加えている（宮城県、山形県、福島県、茨城県、群馬県、埼玉県、千葉県、東京都、神奈川県、石川県、山梨県、長野県、岐阜県、静岡県、愛知県、三重県、滋賀県、大阪府、兵庫県、鳥取県、島根県、香川県、山口県、佐賀県、熊本県、大分県、鹿児島県）。しかし、各都道府県とも、公安委員会と警察本部長に関わる部分の施行期日は「規則で定める日」としており、二〇〇一年一月一日現在、施行している団体はない。こうした条例等の整備は、情報公開法が制定され、同法では国家公安委員会や警察庁を対象機関としていることや、神奈川県警における幹部職員の麻薬汚染の発覚と県警最高幹部が加わったその隠蔽工作、そして、引き続く新潟県警の「行方不明少女発見」の報を受けたにもかかわらず、県警本部長が監察業務を早めに切り上げた特別監察官と「雪見の宴」を続けた綱紀の緩みなど、さまざまな不祥事が重なって警察の情報公開を求める世論が高まったことが背景にあるといってよい。

情報公開法の施行を迎えて、公安委員会と警察本部長を情報公開の実施機関とする都道府県が、さらに増加することは間違いない。施行期日は、宮城県が二〇〇一年四月一日としているほか、多くは法の施行状況を見ながらの実施ということだ。法の施行後は、捜査情報や治安維持等に関する情報は別にして、一般的な警察の行政情報は、徐々に開示されて行くはずであるが、それとても、国民や住民の活発な請求など厳しい監視が条件となることは言うまでもない。

3——自治体行政に変化は起きたか?

市民オンブズマン活動の成果

全国市民オンブズマン連絡会議の成果はどのようなものであったろうか。官官接待やカラ出張などが明らかになって以降、二八の都道府県が公金不正支出の自主調査を行い、うち二五の都道府県で「不正あり」との結果が出た。そして、二一の都道府県の不正額は一億円を越えていた。そして、不適正・不正支出額の合計は四三六億六三〇〇万円で、三〇三億八七〇〇万円が中堅や幹部職員らによって弁済された。現在では、食糧費を使った「官官接待」は消えたといってよいだろう。「カラ出張」の追放は十分ではないようだがかなりよくなった。これらの経費節減額は、全国で合わせて年間三三〇億円は下らない。また、都道府県議会の議員野球大会は中止となり、海外旅行の自粛などの成果もあった。その一方、入札制度改善については、二〇〇〇年一一月に「公共工事入札・契約適正化法」が制定され、その運用のガイドラインも国土交通省がまとめ、手続きの透明化は図られつつあるが、談合はなお改善されているとは言いがたい。

毎年の情報公開度ランキングの実施で、都道府県の知事部局で公費支出の決裁文書を隠したり、開示拒否という事態はほとんどなくなった。出張者の氏名に墨をぬって開示する「お庭番出張」（と私たちは呼んでいる）追放も、あと残り四県となった。そういう意味で透明度が高くなったのは事実である。

情報公開請求を受け付ける窓口の対応も、ずいぶん改善された。ランキング調査を始めたころは、嫌がらせともみえる扱いも少なからずあったが、今ではそうした対応は見られなくなった。そして、自治体や職員の対応も、住民の情報公開請求は当然の権利であることと、自分たちは住民から見られている存在であることを認識していることが感じられる。彼らが緊張感を感じているのは事実である。

九道県へ情報公開アンケート

全国市民オンブズマン連絡会議の活動の結果、どれだけ自治体行政が変わり、職員の意識が改善されたのかを量的な尺度で示すことは難しい。

この機会に、二〇〇〇年度のランキング調査での上位五道県、下位四県の知事に、市民オンブズマン活動をどのように認識していたかを聞いてみた(長野県はワースト4に入っていたが、田中康夫知事が就任間もないので除外した)。都道府県の予算編成の超多忙期に重なったが、各道県の広報や情報公開担当者は誠実に対応してくれ、各自治体は回答を寄せてくれた。

上位五道県のうち、宮城県は過去四回のランキングのうち第二回に北海道に首位を譲ったほかは常に一位を確保、続く北海道、三重県はベスト3の常連、高知県も上位にあった。愛知県は第二回、第三回とワースト1であったが、神田真秋知事に代わるや二〇〇〇年には五位に急上昇した県である。下位グループでは、富山、山梨、宮崎の各県はこれまでに、それぞれワースト5を二度経験している。当然のことながら、上位の自治体は、懇談会の参加者や出張者の氏名等に墨ぬりはなく、知事交際費の透明度はかなり高い。知事の常々の発言にも、情報公開への意欲がにじむ。

質問の要旨は、問1 情報公開はもっと進めるべきか、問2 市民オンブズマン活動は自治体行政に影響を与えたか、問3 情報公開度ランキングに関心をもっていたか、問4 九五年以降の情報公表・公開への施策を挙げて欲しい、といったものである。そして、簡略に用意した回答選択肢から選んでもらった上、コメントも付してもらうことにした。

上位道県と下位県で評価分かれる

その結果は、七〇〜七五ページの表にまとめてある通りである。

情報公開度ランキング上位四つの道県は、①情報公開はもっと進めるべき、①市民オンブズマン活動は自治体行政に影響を与えた、①ランキングには関心があった、といずれも、回答選択肢の中から①を選び、情報公開には前向きで、かつ市民オンブズマン活動が情報公開の推進に影響があったとプラスの意見に統一された。「県庁職員の情報公開に対する意識の変革」に影響を与えた（宮城県）、「道政運営のあり方を考える上で、また道民の行政情報への関心を高める上で、一定の役割を果たした」（北海道）、「職員の意識改革や、さらに行政改革を進めるためのはずみになった」（三重県）との回答である。そして、官官接待が問題となった九五年以降には、行政情報の開示や公表を積極的に進めたとして、その推進策を述べてくれた。特に上位三道県は、ランキングの採点項目になっている懇談会の支出決裁文書や知事交際費の使途などについては、いち早く「原則公開」の方針をとっただけでなく、自治体出資法人の情報公開や審議会等の会議の公開にも積極的に取り組んでいる。

一方、下位四県では、富山県の「情報公開はもっと進めるべき」と、福井県の「市民オンブズマン活動は県政に影響があった」との回答を除くと、いずれも、回答選択肢の中から①を選ばず、「③その他の意見」となった。そして、公開・公表推進策も、上位道県に比較して明らかに消極的である。福井県は、市民オンブズマン連絡会議のランク付けは「公平性を欠く面もある」とし、山梨県は「興味本位で注目されている」とし、宮崎県は「独自の考え方で行われているものであり、何ともコメントできない」との回答であった。

右のように、上位道県と下位県とでは、回答が対照的である。上位道県は市民オンブズマンやマスコミ等からの注文にも耳を傾け、これに対応して透明度を増すためのさまざまな施策をとったのに、下位グループの県は、その批判は必ずしも当たらないとして改革を急ピッチには進めなかった事実がはっきり現れている。そして、この回答結果から言えるもう一つのことは、ランキング上位の自治体は、ランキング調査項目にない事項でも改善作業が行われていることだ。このことは、ランキング調査では、自治体の透明度チェックに必要なすべての事柄をカバーしているわけではないが、行政の透明度や情報の開示度の指標として、それほど偏ったものではないと言えるのではないか。

知事が替わらないと駄目ですか？

私たちが体感していたように、市民オンブズマン活動が始まって以来、都道府県が行政の透明度を上げる施策をとってきたことは事実だと言ってよいのではないか。こうした変化が、市民オンブズマン活動だけの成果だなどとは考えないが、そうした変化を呼び起こした運動の一翼をになったことも、また事実である。

そして、今回の調査に応じてくれた九つの自治体は、いずれも、住民からの請求に応じて情報を開示するのではなく、何よりも、自治体が進んで情報を住民に提供する制度の充実が大切だ、と言っている。そして、「住民の監視から、情報を共有しての参加へ」も、ほぼ共通認識である。こうした認識に反対はない。しかし、行政が自らの判断だけで、みつくろって出す情報の公表だけでは情報公開制度は完成しない。住民から請求があれば、どの分野でもこれに応える、こうしたシステムの完備によってこそ、情報公開制度は充実するのである。そして、現状はまだまだ満足の行くものではない。

せっかく、ていねいな回答をいただいた富山県と宮崎県に、ここで注文を付けるのはいささか気が重たいのだが、二〇〇〇年三月公表の公開度ランキングにおける調査(実施は九九年一一月)では、両県は出張者の名前が墨ぬりであった。「お庭番出張」の残る四県のうちの二つなのである。そして、二〇〇一年三月公表のランキングでは、再下位としては新顔の広島県とともにワースト3を構成した。両県は、すっかりボトムに定着してしまった感がある。愛知県、長野県、栃木県の例に見るように、知事が替わると公開度が上がる。やはり知事が替わらないと、何も変わらないのですか。

4——情報公開請求をやってみよう

都道府県条例での請求の場合

情報公開請求は、一枚の「公文書開示請求書」の提出で始まる。たった一枚の文書を自治体の窓口へ提出することで、この手続きは始まるのだが、これは「お願い」でも「陳情」でもなく、憲法があなたに保障する「知る権利」の行使のはじまりなのだ。今日、多くの自治体の窓口では、あなたは「自治体の主人公」として遇されるはずである。「開示請求書」の記入方法などは次に述べるが、少しの手間で、あなたは行政がもつ膨大な情報を手に取り、それを自分のものとして利用することができる。行政体をあなたのシンクタンクにすることができるかどうか、それはあなた次第なのだ。

自治体での情報公開請求の手順の概略を示せば次の通りである（原則的には、東京都の公開制度を例にして述べる）。

窓口で相談して「請求書」をつくる

「公文書開示請求書」は、自治体の情報公開窓口に備え置かれているので、請求先の機関、請求者の氏名、連絡先などを記入、「請求する公文書の件名又は内容」「請求の目的」などの欄に記入することで、「請求書」はできあがる。窓口で相談をしながら請求書を作成するのが多くの事例だが、請求する文書がきちんと特定されている場合には、「郵送」で行うこともできる。普通、窓口で請求書を提出してから「一四日以内」に、開示・非開示の回答が文書で通知される。開示をする場合、請求した文書の全部が開示される場合と、部分開示(「一部非開示」)の場合とがある。請求者は、その文書等を閲覧したうえ必要部分をコピー請求してもよいし、閲覧をはぶいてコピー請求することもできる。コピー代金は、現在、B4判ないしA4判などの通常のサイズで、一枚二〇円である(一〇円の自治体もある)。

自治体の情報公開窓口の対応も親切になった。東京都の例でいえば、都庁第一庁舎三階に「情報公開ルーム」があり、そこの受付で知りたい事柄を説明すると、かなり親切に対応してくれる。担当の係員を呼んで説明をしてくれるはずである。請求できる情報は、文書だけにかぎらず、写真、フィルム、電磁的記録などほとんどの情報記録媒体がふくまれる。ただし、複写等の費用は、それぞれ媒体によってことなるので、あらかじめ聞いておくのがよいと思う。

コピー代金のほかに、この手続きにかかる費用についてだが、二〇〇一年一月の段階で、「閲覧手数料」を徴収しているのは、東京都、政令市では千葉市と北九州市である。市民オンブズマン連絡会議では、九七年以降、毎年「情報公開度ランキング」を実施しているのだが、「閲覧手数料」を取るのは情報アクセスへのバリヤーであるとして、そうした自治体はランキング外の「失格」の扱いとしている。こうした調査を始めた頃は、閲覧手数料を取る自治体はもっと多かったのだが、都道府県、政令市では閲覧手数料の徴収は極めて少なくなった。なお、東京都の閲覧手数料は一件で一枚ごとに一〇円だが一〇〇円が上限である。

知事・公安委員会、議会も

公開請求ができる機関（実施機関）だが、知事、行政委員会・委員、地方公営企業法に基づく公営企業の管理者、東京都規則で定める行政機関の長（例えば都立大学の学長）などが主たる機関である。教育委員会や選挙管理委員会、収容委員会などはこの中に入る。

公安委員会・警視総監はこれまで実施機関に入っていなかったが、二〇〇〇年七月に公布された改正東京都情報公開条例では、これらも実施機関として指定した。しかし、施行日は「規則で定める日」とされており、もっとも遅い施行日を予想すると二〇〇一年一〇月となる。

議会は、都の情報公開条例では実施機関とはなっていなかったが、九九年三月に制定された「東京都議会情報公開条例」で、ようやく都議会も情報公開請求の対象機関となった。

「新しい地方分権の時代にふさわしい開かれた東京都議会の実現を目指す」と、都議会は胸を張っているので、どしどし全国から請求を出してもらいたい。

非開示事由

自治体が文書を「非開示」にすることができるケースは、それぞれの自治体の条例に定められている。知事ら実施機関が管理する文書について、「非開示にできる情報」の条例上の規定は多くの自治体で共通している。東京都の現行の情報公開条例は、国の情報公開法の規定との整合性を検討して改正したもので、次のような情報が「非開示事由」にできると規定されている（東京都情報公開条例第七条一号〜七号）。

①法令等で公開が禁止されている情報、②個人のプライバシーに関する情報、③企業の営業上の秘密、④公安情報や犯罪捜査に関わる情報、⑤行政機関内部やその相互間における審議・検討に関わる意思形成過程にある情報、⑥監査、契約、人事その他の行政運営情報で、公開すると行政の事務・事業の適正な遂行に支障を及ぼす情報、⑦第三者から公にしないとの条件で任意に提供された情報、などとなっている。

三〜四年前と較べて、窓口の扱いも開示の範囲も格段に広がってはいる。情報の公表も進んでいる。しかし、行政にとって都合の悪い情報を隠す体質がすっかり改まったとまでは言えない。もし、「文書不存在」や開示の拒否通知、あるいは墨ぬりの開示がなされた場合には、その理由をしっかり確かめて次に述べる対策を選択していただくとよい。

開示拒否されたら不服申立、裁判へ

自治体が、請求の通りに開示をしないという場合には、その処分庁に対して、行政不服審査法に基づく「不服申立」をすることもできるし、直接、地方裁判所に開示拒否処分（一部非開示を含む）の違法を訴えて取消を求める訴訟を提出することもできる。これらの時間制限は、不服申立の場合には開示拒否等の処分を知った日の翌日から六〇日以内、裁判の場合には同じく三ヵ月以内である。不服申立には費用はかからない。裁判所へ開示拒否処分取消の訴訟を出す場合には、八二〇〇円の印紙を訴状に貼り、郵便切手を一緒に納めなければならない（一人の原告で、六四〇〇円の郵便切手が必要）。後述の「情報公開市民センター」のホームページをご覧いただくと、いくらかお役に立つかもしれない。

情報公開法に基づく国への請求——手続きの流れは自治体と同じ

国のもつ情報は膨大である。旧総務庁の担当者の話では、霞ヶ関にいるお役人が持つ文書は、それぞれ身の丈になるほどだと言うのである。これを紙に換算して積み上げると、

富士山の何倍かにはなるだろう、というのである。

そこで国の情報公開制度の元締めである役所、総務省では、情報公開制度の施行とともに、各都道府県の県庁所在地に「情報公開総合案内所」を開くことになっている。その案内所では行政機関が管理している文書等のファイル目録（「行政文書ファイル管理簿」）を閲覧することができて、文書ファイルを保管する省庁、その部署などについての情報を得ることができる。しかし、そこで検索できるのは文書等のファイル名までで、現物の閲覧はもとより、内容を確かめるなどの作業もすることはできない。この「行政文書ファイル管理簿」はインターネットでもアクセスできるから、各家庭からも各省庁がもつ文書のファイル名までは調べることができる（各行政機関のホームページにも掲載されている）。このファイル名の検索で、文書等を保管する省庁名が分かったら、そこへ「行政文書開示請求書」を出すことになる。

一定期間以内に回答が送られてきて、開示の通知の場合には、文書等を保管する行政機関で閲覧をし、あるいはコピー請求をして情報を入手する。開示拒否の処分がなされたときは、処分庁に対して不服申立ができること、また、直接裁判所に「開示拒否処分取消」の裁判の申立をすることができることなど、手続きの流れは自治体の条例に基づく請求手続きとほぼ同じである。

情報公開請求は誰でもできる。外国籍の人、企業でもできる。自治体の公文書公開条例では、請求権者をその自治体の住民とか、事務所をもつ個人・法人とかに限定するものが多かったが、情報公開法では、「何人も」利用できる、となった。

開示・非開示の文書による通知は、請求の日から原則として三〇日以内。「開示請求手数料」が一件につき三〇〇円とされている。「開示請求書」にその額の印紙を貼って請求する、ということになる。加えて、開示の通知があって、いよいよ閲覧とかコピーの段階になると、別に「開示実施手数料」が一件ごとに一〇〇円かかる。

コピー費用は媒体によって異なるが、B4判、A4判などは、一枚二〇円。ただし、そのコピー代が、開示請求手数料の範囲内であれば、コピー代は無料となる。

請求の対象となる機関は「行政機関」であるから、一府一二省庁、それに付置されている委員会、庁などはすべて対象となる。都道府県条例では除外されていた公安委員会も警察庁も含まれる。会計検査院も同様である。しかし、議会と裁判所は対象にはならず、特殊法人も含まれない。特殊法人については、情報公開法施行二年後をメドとして、現在法案の作成準備が進められている。

先に述べたように、行政機関の地方出先機関にも開示請求書の提出が可能であるが、現実に文書等の閲覧を考えると、請求の対象文書が保管されているところへ請求するのがよい。

「非開示情報」――機密費はどうなる

「非開示情報」を定める情報公開法第五条には、東京都情報公開条例のところで説明した①に相当する規定(「法令秘条項」)はないのだが、国の行政情報に特有な事柄として、「国の安全・外交に関する情報」が加わる。「公にすることにより、国の安全が害されるおそれ、他国若しくは国際機関等との信頼関係が損なわれるおそれ又は他国若しくは国際機関との交渉上不利益を被るおそれがあると行政機関の長が認めることにつき相当の理由がある情報」を非開示にできる、と情報公開法の第五条三号は定めている。

防衛・外交の情報に一定の開示できない秘密事項があるのは誰にもわかるが、その範囲・限界の設定は大問題である。この規定からも分かるように、開示の拒否があってその処分の相当性が争われる場合に、その情報が開示されると「国の安全が害され」、あるいは「国際機関等との信頼関係が損なわれる」かどうかが問題となるのではなく、そのように認めた「長の判断の相当性」が争われることになる。開示・非開示の判断についての行政裁量が非常に大きく、この法律の制定過程での議論でも批判の多かった規定である。とにかく外務省は、アメリカの歴史的な外交文書の公開で明らかになった、沖縄返還に伴うわが国の費用負担に関わる日米密約の存在が明らかになっても、あくまでこれを否定するという、ウソを平気で言う人々が集まっているから余計に心配がある。

全国市民オンブズマン連絡会議が母体となって設立した「情報公開市民センター」は、今話題となっている外務省の「機密費」(予算書では「報償費」という)について、請求書や領収書の開示を求めたいと考えている。その際、外務省は要人外国訪問支援室の元室長の着服分や職員の飲食費、また外交接待費などすべての報償費を、外交機密を盾にとって公開を拒むのであろうか。もし、そうであれば、公開を求めて訴訟となるが、これまで地方自治体の職員たちが自分たちの不正隠しのために、恥ずかしげもなく公益を振りかざしたのと同じ茶番劇が繰り広げられることになる。最高裁判決では、請求書や領収書から外部に知らされる情報は懇談開催の日時・場所などその外形的な事実だけであるから——懇談の中身は記載がなく分からない——、請求書や領収書を非開示にする理由はないといっている。報償費の使途の公開についても、この論理が当てはまり「開示が相当」となる部分が出てくるはずである。これまでの外務大臣や外務官僚たちの国会答弁を聞いていると、どんな珍奇な展開が待っているのか知れないが、楽しみでもある。

「非開示情報」というのとは別の枠組みで、一定の場合には、行政文書の存否を明らかにしないで、開示請求を拒否することができることを情報公開法は定めている(同法第八条)。

「存否応答拒否情報」と呼ばれるが、開示請求に対して、文書の存否を答えるだけでその情報を開示したのと同じになってしまうような場合で、たとえば、個人の病歴や捜査、公安の内偵情報などが考えられるが、請求者側からすると、行政側の判断の相当性の検証が難しく、法案の作成段階から乱用されるおそれがあると指摘された条項である。

開示拒否（一部非開示を含む）に対して、処分の取消を求める行政訴訟を起こすことができることは自治体の場合と同じなのだが、訴状を出す裁判所は請求者の住むどこの地方裁判所でもよいというのではなく、札幌、仙台、東京、名古屋、大阪、広島、高松、福岡の八つの地方裁判所に限られる。高等裁判所の所在地の地裁ということになる。その処分庁の長を被告として、開示拒否処分が憲法や情報公開法等の法令に違反していることを主張する訴状を提出することは同じである。

5——情報公開請求訴訟　裁判所の後押し

行政訴訟は負け続けていた

自治体が総じて行政情報の公開に前向きに取り組んできていることは前に述べたが、自治体の情報公開促進の背中を強力に押したのは裁判所である。

市民オンブズマンは、懇談会に出席した者の氏名を墨ぬりしたり、飲食したホテルや料亭あるいはクラブの企業名や店名を隠して開示した場合には、各地で果敢にその開示拒否処分の取消を求める訴訟を起こした。自治体の開示拒否処分の違法性を主張して、これの取消を求める訴訟は行政訴訟ということになるのである。

ところで、わが国の行政訴訟というのは、国民からの申立件数は極めて少なく、たかだか年間一二〇〇〜一三〇〇件に過ぎない。典型的な行政訴訟としては、所得税や法人税等の課税処分の取消とか、原子力発電所建設認可の取消、公有水面埋立認可処分の取消、飛行場の夜間使用の差し止めなど、国や自治体の行政処分の違法を争う訴訟がある。選挙区の定数配分を違憲であるとして選挙の無効を争う訴訟もそうである。

これらの訴訟は、裁判所の判断如何によって、国政にも自治体行政にも重大な影響を与える。わが国の裁判所は行政府と立法府に気兼ねばかりして、国政に大きな影響を与える事件では、めったに国民を勝たせるような判決をしない。そこで、「行政訴訟は勝てない裁判」という考えが法律家の間には定着してしまっているのである。

裁判所が頑張れば行政も変わる

しかし、住民、市民たちが各地で起こした情報公開訴訟では様相が一変した。

前に述べた通り、住民からの開示請求に対して、当初、自治体側は懇談会や宴席へ参加した人物の氏名（接待側の公務員と相手方――相手方も公務員であることが多い）と、懇談の会場（レストラン、料亭など）の企業名や店名を墨ぬりして開示してきたのである。そこで、市民オンブズマングループの情報公開訴訟は、主としてこのような墨ぬりの開示処分に対する取消訴訟として展開されてきた。この種の訴訟は、九五年以降、一〇〇件を超えているが、その戦績はかなりよく、一部勝訴もふくめると七～八割の勝訴率となる。懇談参加者の氏名や懇談会場の企業名等について、全面開示の命令を定着させるに寄与した初期の判決を挙げると、仙台地裁（九六・七・二九判決）が、懇談に参加した公務員の氏名について「プライバシーが問題になる余地はない」と明快な判断を示して開示を命じ、ついで大阪地裁（九七・三・二五判決）がつづき、鹿児島地裁（九七・九・二九判決）は民間人の氏名も、特段の事情がないかぎり公務員と区別する事情はない、との判断を示した。

こうした地裁判決に対しては、自治体側は宮城県をのぞいて控訴するのだが、各地の高等裁判所も地裁判決を支持し、それ以外の各地裁の判決もその後を追って下級審裁判所の情報開示への流れは定着することになった。

このように地裁や高裁が自治体の情報隠し体質を批判し、住民の情報公開請求に理由ありとする判決を出す背景には、その拠り所となる一つの判決の存在があった。それは大阪府水道部懇談会議費情報公開請求訴訟の最高裁判決で（九四・二・八判決）、大阪市民オンブズマンのメンバーが原告となって、九年前の八五年に大阪地裁に提訴したものであった。

この最高裁判決は、情報公開制度の意義を高らかに謳うなどという類の判決ではなかったが、支出決裁文書が公開されても、そこで明らかになるのは、懇談会の日付、場所、参加者の氏名などの外形的事実だけであるし、①公開されても「……これらの事務の公正かつ適正な執行に著しい支障を及ぼすおそれがあるとは断じ難い」とし、②非開示事由の立証責任は行政側にあるとし、行政側（大阪府）ではその立証責任を果たしていない、と支出決裁文書の開示を命ずる判決を下したのである。以後、非開示事由の存在の立証責任を負わされた行政側は苦戦を余儀なくされる。こうして下級審裁判所は、懇談費等の支出決裁文書の開示については、安心して住民勝訴の判決を出すことができるようになった。それでこの種の情報公開訴訟は、市民オンブズマングループ以外の訴訟でも大筋としては、原告・住民の勝訴が続いている。

その後、公金不正支出を調査した際につくられた内部の帳簿が「公文書」であるかどうか争われた事件では、福岡高裁はその公文書性を認めて福岡県に開示を命じた（〇〇・三・一判決）。また、仙台高裁や広島高裁松江支部では、情報公開の実施機関となっていない県警や議会の支出にかかる決裁文書も、法的には知事の管理下にあるものだから知事の非開示処分は違法だとの画期的な判断を示した（〇〇・三・一七判決、〇〇・八・三〇判決）。

こうした裁判所の積極的な判断で、自治体行政の透明性は上がりつつある。

首長交際費──心配の種をまく最高裁判所

同じ支出決済文書でも知事交際費になるとだいぶ趣がちがってくる。

八五年一月から三月に支出された大阪府知事の交際費が記録されている現金出納簿などの公開をめぐって一六年間にもわたって争われてきた事件がある。同地の市民オンブズマンが原告となって提訴したのだが、この間に大阪地裁で一回、二審の大阪高裁で二回、最高裁で二回の判決があった。一審と二審の全面公開を命ずる判決を覆して差し戻しを命じたはじめの最高裁判決（九四・一・二七判決）では、祝金や慶弔費等の支出記録のうち「私人である相手方に係るものは、原則として公開してはならないもの」としたのである。その理由は、金額が公開されると相手方は知事からの格付けなどがはっきりして、「不満や不快の念を抱く者が出ることが容易に予想され」、交際事務の目的が達成されなくなるおそれがある、というのである。しかし、この最高裁の判断は独断といっていいものであるうえに、知事からの格付けを知って相手方が不満や不快の念を抱き、それで行政に支障が出るというなら、国が国民の格付けを行う叙勲制度などは成り立たないはずである。

こういう最高裁判決が出た後も、住民大衆の側に顔を向けた知事たちは、知事交際費の公開を積極的に行ってきた。二〇〇一年三月公表の情報公開度ランキング調査では、病気の見舞金などの支出先は別にして、相手方の氏名を公開する都道府県の数は二〇に及び、さらに七府県でケースにより氏名公開をしている。

こうして情報公開は進み、知事の交際事務にも何の支障も生じていないというのに、二度目の最高裁判決(〇一・三・二七判決)は、さきの九四年判決の消極的な判断を維持するとともに、実務では当たり前になっている一部開示の方式についても認めず、一部に非開示の情報があれば全面非開示にするという、時代に逆行する判決となった。知事交際費の機密費化を慫慂するかのような判決だ。四人の担当判事は「憲法読みの憲法知らず」と評してもまだ誉めすぎというもので、条例の条文のすみを突っついて、住民の権利をはねつける術を心得てはいるが、主権者がもつ天賦の権利とも言うべき「知る権利」を説く心を持たない最高裁判事をいただく国民の不幸を嘆かずにはいられない。しかし、この判決を化石にして葬り去るには、情報公開先進県の英明な知事を住民が励まし、監視しながら一層の情報公開を進めるのがなによりの早道であろう。

6——「情報公開市民センター」の設立と今後の活動

よちよち歩きの「情報公開市民センター」

全国市民オンブズマン連絡会議が母体となって、二〇〇一年三月、「情報公開市民センター」を設立した。東京・四谷に小さな事務所を借りての出発である。

情報公開法が施行となって、霞ヶ関の情報が請求できるとなると、どうしても東京に活動拠点がほしい。これが東京に事務所を持とうという動機である。これまで活動をしてきた「全国市民オンブズマン連絡会議」は、各プロジェクトチームが費用自己負担で活動をこなしてきた。専従の職員も今なおいない。アルバイトの職員だけで、しかも、それもやっとこの一年前からだ。連絡会議の事務局は名古屋市にあり新海聡弁護士が創立以来、何の手当もなしに事務局長の職をこなしているが、たまに彼が愚痴るのももっともなことである。

しかし、情報公開法の施行で様子が変わる。前にも述べたように、霞ヶ関にある情報の開示請求をして、請求者がいざ閲覧をするとなれば、東京でやらなければならない。遠隔地の請求者には大変な負担がかかる。また、請求の実績もどこかで集約しておかなければならない。東京で誰かがサポートしないと、到底みんなが利用できるような制度にはならない。こんな考えで、設立を決意したのである。情報公開市民センターの事務局長を務める元バンカーの黒田達郎が奔走して、協力してくれるボランティア事務局員もできそうだ。全国にカンパを呼びかけているが、準備金はそう集まらない。

うらやましいドイツ、韓国の市民団体

筆者は九七年三月、ドイツのフライブルグでの一週間ほどの滞在で、ドイツ自然環境保護連盟（BUND）と交流をしたことがある。彼らの案内で廃棄物処理施設を学んだのである。フライブルグが属するバーデン＝ベェルテンベルク州は人口一〇二〇万人ほどだが、BUNDの同州支部の年間予算が四億円ないし五億円だと聞いて驚いた。寄付や会費、事業収入でそうなるのだという。彼らは、あらゆる分野といってよいくらいに専門家を多数擁し、リサイクルや廃棄物の抑制、自然保護などでは圧倒的に行政をリードしている（『法学セミナー』九七・七月号特集「水源地にひろがるゴミ戦争」、同九八・七月号特集「ゴミで死にたくない」で紹介した）。

そして、昨二〇〇〇年には二度ソウルに行き、「参与連帯」と交流をしてきた。参与連帯は、二〇〇〇年の春の韓国総選挙における「落選運動」で、わが国では一躍有名になったが、それ以前の国会議員への立法要請活動などで素晴らしい実績をあげていた。生活保護

法をつくり、株主代表訴訟制度を大改正し、人事聴聞会法を活性化し、腐敗防止法に挑む。彼らは韓国国会をしのぐ活動をしているのである（参与連帯の活動は「法と民主主義」三五四号で紹介している）。

そこの活動規模を聞いて、また驚いた。会員が一万人に近づき（うち、半数はサラリーマンという）、年間予算は約一億円に達するというのである。事務局員の数も五〇名ほどを擁し、ソウル大学を出た俊才が何人もいた。弁護士が事務所を捨てて事務局入りもしている。

面白半分で続ける

ドイツや韓国をうらやんでみても仕方がない。情報公開市民センターがどれほどの活動ができるのか予測は立たない。しかし、前述のような決意と方向で、情報公開法の施行とともに、活動を開始した次第である。情報公開請求の一般的なサポートとしては、自治体の「公文書開示請求書」や国の行政機関に対する「行政文書開示請求書」の雛型や、請求手続きの入門的な解説、情報公開訴訟の判決一覧などをホームページに掲載している。不服申立書や訴状についても、事例に基づいた書式を案内している。

そして、市民センター自身の請求活動としては、まず手始めに、外務省の報償費や諸謝金などの支出決裁文書を洗い出してみたいと考えている。二〇〇〇年度の国家予算書を点検すると、外務省本庁の報償費は一九億円（億円未満四捨五入）、在外公館が二三億円、このほかに政府開発援助の報償費が一五億円である。そして、「諸謝金」という費目では、本省で二七億円、在外公館と政府開発援助で六二億円と三二億円という巨額の予算が組まれている。「諸謝金」というのは、外部の人に対する謝礼である。何の謝礼かは、定かではない。不正があるというのではないが、使途の確認をする意味はあろう。そして、ＫＳＤ関係も開示請求をすべきだという声もある。

また、全国市民オンブズマン連絡会議の監視の重心は大型公共工事に移っている。道路、空港、ダム、埠頭。そして道路と並ぶ巨大事業御三家の広域下水道と農業土木事業。環境を破壊し、財政を破綻させ、霞ヶ関官庁の存立と政権地盤への資金投入を自己目的とするに至った公共事業には国民の批判も厳しさを増している。公共事業の計画策定のカラクリに迫るべく、連絡会議と市民センターは、共同して情報公開請求を行うことになろう。しかし、あまり大風呂敷を広げても実行の保証はない。面白半分に一生懸命、できる範囲でやる。これが今までの私たちの信条みたいなものだから、今後もそれは変わることはないと思われる。各地での市民オンブズマンへの参加など、読者の物心両面のご支援をいただければ幸いである。

（「情報公開市民センター」ホームページ　http://www.jkcc.gr.jp/）

「情報公開度ランキング」への関心	'95年以降の公開推進策
①関心があった 情報公開度ランキング調査は、マスコミ等でも大きく取り上げられ、国民が情報公開に関心をもつ、大きなきっかけとなったと認識している。	①入札関係調書の公表（工事毎の積算内訳、氏名調書、入札調書） ②知事等交際費の全面公表 ③県出資団体（県50%以上出資）の情報公開 ④県出資団体（県25%以上出資）の経営状況を表す書類の公表 ⑤食糧費等予算支出関連文書の原則公開 ⑥審議会等の原則公開 ⑦県庁各課におけるインターネットホームページの開設 ⑧県民の費用の軽減（閲覧は無料、複写は1枚10円など） ⑨FAXでの開示請求も受付 ⑩県警予算文書の公開
①関心があった 情報公開制度の充実を図る上で、他地域のさきがけ的な制度開発、運用の状況を把握することは重要であり、「情報公開度ランキング」についても、そうした視点から参考とした。	①公文書保存など適正管理（H7） ②不祥事再発防止のための改善プログラム策定と推進管理（H7） ③交際費、食糧費に係る公文書の相手方氏名の開示（H8） ④知事交際費の公開（H8） ⑤予算執行状況（四半期毎）の情報公開（H8） ⑥時のアセスメント等政策評価の実施、公表（H9） ⑦道政情報（記者発表資料）の公開（H9） ⑧公文書の写し交付費用低減（H9） ⑨出資法人等情報公開要綱の制定（H10） ⑩附属機関の会議の公開（H10） ⑪ホームページによる行政情報提供（H10）
①関心があった ランキングは、各自治体の情報公開を進める上でかなりの影響があったと思われるが、請求項目や、その際の説明等の差により、開示状況が異なるなど、微妙に順位が入れ替わる可能性もある。三重県は、開示請求を待たず、情報の原則公開を基本としている。	①旅費・食糧費等の原則公開（H8.10.1） ②情報公開実施機関に県議会を加えた（H9.10.1） ③交際費の原則公開（H10.4.1） ④事務事業目的評価表の公表（H10.2） ⑤予算見積書の公表（H11.2） ⑥県出資二分の一以上法人の情報公開を実施（H11.4.1） ⑦情報公開総合窓口に配架している行政資料名をインターネットで検索（H10.10） ⑧審議会等の会議の公開（H11.7.1） ⑨情報公開条例の改正（平成12年4月施行）（請求権者を何人も、対象文書を組織共用文書とし、実施機関に公安委員会等を加えた） ⑩インターネットの三重県ホームページからの開示請求を可能とした。（H12.4）

市民オンブズマン活動と自治体

	情報公開について	市民オンブズマン活動の県道政への影響
宮城県	①もっと進めるべき	①影響があった
コメント	これまでは、県政の監視という面だけがクローズアップされてきたが、県政監視という段階から、県民が情報公開制度を利用し、県政に対し意見を述べ、提言を行い県政へ積極的に参加するという段階に重点が移る。このような動きをさらに加速化させていきたい。	食糧費、旅費等の不適正支出の是正。 受け身の情報公開から攻めの情報公開へ。 県庁職員の情報公開に対する意識の変革。
北海道	①もっと進めるべき	①影響があった
コメント	住民生活と行政の関わりが深まっていることから、道民と道との情報の流れを幅広いものとし、健全かつ公正で透明性の高い道政を展開していくことが必要。情報公開の充実はもとより、積極的な道政情報の提供を行い、道民意思が反映されるよう、分権時代に対応した開かれた道政を推進していく。	道政は、納税者（主権者）である道民から委託されたものであり、「情報の共有化なくしては、住民の参加なし」の視点が大切。これまでの市民オンブズマンの取り組みは、道政運営のあり方を考える上で、また道民の行政情報への関心を高める上で、一定の役割を果たしている。
三重県	①もっと進めるべき	①影響があった
コメント	開示請求に対応するだけでなく、積極的に情報を提供して行くことが必要。住民には、意思形成過程の情報をも積極的に公表し、住民と行政が協働して行政を進めて行くことを情報公開の目的にしている。住民も責任を共有する行政がこれからは必要である。	知事就任後、行政改革に取り組み、事務事業目的評価表の公表等に取り組んでいた時期、市民オンブズマンや報道機関の開示請求等により、全国的に予算の不適正執行等が問題となった。三重県でも、職員の意識改革や、さらに行政改革を進めるためのはずみになった。

「情報公開度ランキング」への関心	'95年以降の公開推進策
①関心があった 全国の状況を知ることに役立った。	①知る権利を明記した。 ②何人も請求できることとした。 ③公務員の職務の遂行に係わる情報に含まれる職名及び氏名を開示することとした。 ④事務事業情報を非開示とする場合は、支障を生ずることの明白な理由が必要となった。 ⑤県議会が実施機関に加わった。 ⑥インターネットによる開示を始めた。
③その他の意見 貴連絡会議の活動の中でも、社会的に大きく注目されている活動の一つであることを認識しています。	①情報公開制度の見直し 平成11年7月に公開範囲を拡大する一部改正（公務員の職務遂行情報、食糧費・交際費の相手方の公開。また、改正に併せコピー代を30円から10円に値下げなど。）を行い、平成12年3月には情報公開法との整合性を図り、対象情報を拡大するなど、同条例を全部改正。 ②その他の施策 平成12年度から県民と県との双方向のコミュニケーションを図る広報を実施。平成13年度からは県民生活に密接に関連する計画や指針などの策定、改定にあたり、パブリックコメント制度を導入する予定。
③その他の意見 特定の調査項目に対する回答だけで行う地方自治体の情報公開度のランク付けについては公平性を欠く面もあると考えており当県としてはランク付けにはこだわらず、情報公開条例の趣旨を踏まえて総合的な情報公開制度の充実を図っていきたい。	①公文書公開条例の全面見直し ②議会および公安委員会・警察の情報公開条例への参加 ③出資法人の情報公開制度の導入 ④パブリックコメント制度の導入 ⑤政策評価システム（事務事業カルテの公表等）の導入

	情報公開について	市民オンブズマン活動の県道政への影響
高知県	①もっと進めるべき	①影響があった
コメント	ホームページや冊子等、様々な広報手段を活用して自治体自らが積極的に情報を公開し、開示請求によらなくても住民が必要な情報を得られるシステムづくりが必要である。	いわゆる官官接待の全廃など、事務改革につながった。
愛知県	③その他の意見	③その他の意見
コメント	愛知県情報公開条例の前文に「知る権利」を明記。同条例第1条には「実施機関の管理する情報の一層の公開を図り、もって県の有するその諸活動を県民に説明する責務が全うされるようにするとともに、……」と規定し、透明性の高い開かれた県政の実現をめざし、行政情報の公開を行っています。	前述のとおり、知事の強い意向により、本県では、より開かれた透明性の高い県政を実現するために、平成11年度に条例を2度にわたって改正しています。
福井県	③その他の意見	①影響があった
コメント	行政と住民が共に責任を負う真の意味の地方自治を確立することが必要であり、政策の企画立案段階からの住民参加がこれまでにまして重要。このため、住民の請求に基づく情報公開制度の充実はもちろん、それ以上に自治体側からの行政情報の公表、提供が必要である。	これまでややもすれば従来の慣行に流れてきた面のある公費の支出の分野について見直しを行い、公費支出のより一層の適正化、厳格化を図るようになった。

「情報公開度ランキング」への関心	'95年以降の公開推進策
③その他の意見 ランキングについては、連絡会議による独自の考え方で行われているものであり、何ともコメントできない。	①平成11年12月　情報公開に準じた情報公開条例の全面改正 ②平成13年3月（予定）　県警察を実施機関とするとともに、出資法人の情報公開の推進に関する規定を設けるための情報公開条例の改正
③その他の意見 マスコミが大きく取り上げることから、当該調査項目の適正さより、興味本位で注目され、県民の誤解を招いている。情報公開は、公表や提供を含めた制度であり、また、請求に応じて資料を作成するものではない。	①平成9年食糧費、旅費、交際費等に関する文書の公開基準の制定 ②平成11年12月　公文書公開条例を全面的に見直し、情報公開条例とした。公安委員会（2001年10月から施行予定）を含めて、全ての県の機関を実施機関とした。 ③情報公開の総合的な推進に関する要項を定めて、公表、提供の充実を図ることとした。 ④出資法人について情報公開の推進に関する要項を定めて、県と同様な情報公開を推進することとした。
③その他の意見 参考にさせていただいている。	①全国に先駆けて、「旅費」条例を改正(県内日当の廃止など) ②県民福祉条例、県民文化条例、男女協同参画推進条例等の制定にあたっての県民意見の聴取（パブリックコメント方式） ③公共事業審査会の設置及び会議結果の公表 ④富山県新世紀行政改革懇談会の公開審議 ⑤食糧費等の支出関係の原則公開

	情報公開について	市民オンブズマン活動の県道政への影響
宮崎県	③その他の意見	③その他の意見
コメント	情報公開は進めるべきであるが、一方で公文書開示については、情報公開条例に基づき開示することの利益と開示することにより損なわれてはならない利益との調整を図る必要がある。	市民オンブズマンの開示請求活動は、公文書開示制度が広く周知されることとなった要因のひとつではあると思う。
山梨県	③その他の意見	③その他の意見
コメント	住民の行政参画への意識の高まりから、行政情報の公表や提供が一層進むことは当然であると受け止めている。情報公開の請求は、公表や提供の充実によりある程度おちついたものとなると考える。	従来から県民が主役の県政、また透明で分かりやすい、県民に開かれた県政を基本とし、国の情報公開法等に対応し、全国でも2番目に全面的な条例の見直しを行い、その中で行政文書の開示を請求する県民の権利を明らかにするとともに、県民参画の開かれた県政を一層推進することとしたところです。
富山県	①もっと進めるべき	③その他の意見
コメント	(1) 現在、富山県情報公開度懇話会において、条例改正の見直しに向けて、検討中。より一層の情報公開に努めていきたい。 (2) 県庁各課のホームページによる行政情報の公開については、開かれた県政を進めてきた。	県民が県政の主人公であり、県づくりの主役は県民である。「県民本位の県政」「開かれた県政」「計画県政」を県政運営の基本姿勢としている。市民オンブズマンの意見についても、謙虚に耳を傾け、適切な提言については県政に反映したい。

◉第2章◉

住民投票が

市民を鍛える

吉野川河口堰をめぐって――

姫野雅義

1947年、徳島県生まれ。
中央大学法学部中退。司法書士。
「吉野川シンポジウム実行委員会」「第十堰住民投票の会」代表世話人。

吉野川に巨大河口堰の建設計画が

吉野川に長良川河口堰をしのぐ巨大堰を造ろうという建設計画があるのを知ったのは、一九九二年のことである。一五〇年に一度の洪水に対処するという「治水」と、徳島市など五市町の水道用水開発という「利水」が目的の、ゲート開閉式の堰（巨大ダム）で、予算は一〇〇〇億円を超す。

吉野川には、江戸時代に農民たちが農業用水を分流するために石を積んで造った古い堰があり、旧第十村にあったので「第十堰」と呼ばれて約二五〇年間、地域の住民に親しまれてきた。自然の川底が少し盛り上がったこの堰を越えて、ふだんは川水が流れ、渇水のときも堰のなかを流れる透過水やわき水が絶えない。第十堰は川の流れに対して斜めに造られているので、水の抵抗を受けず、洪水時もスムーズに流れて堰は壊れない。この堰のために堤防が壊れたこともない。建設省（現・国土交通省）が進める多自然型川造りのモデルとも言えるもので、本来なら日本を代表する現役の文化遺産のはずだが、わざわざこの堰を壊して、河口堰を造ろうという計画なのである。

堰の下流には、真水と海水が入り混じる汽水域があり、多様な生物の宝庫ともなっている。河口堰が建設されるなら、この自然系に変化が生じることは避けられまい。

計画の予備調査が始まったのが八四年、八八年に実施計画調査が行われ、九一年には事業予算が正式に下りた。その翌年に環境調査委員会が発足し、ようやく初めて一般の県民にとって分かるかたちになった。一〇年間ぐらいで工事が完了すると言われていたので、二〇〇二年ごろには巨大堰ができる計画だったわけだ。

当時、建設予定地にあたる徳島市の市議会も徳島県議会も反対意見は一つもなかった。自民党はもちろんのこと共産党に至るまで全部推進の立場だった。徳島県は保守県だが、財政面では優遇されておらず、高度成長の時は工場誘致などの地域開発に出遅れ、国の予算が大きな規模で下りてくることについて拒否できないという雰囲気だったのである。しかも「第十堰の改築事業」という名前だから、その実態がよく分からなかったことも大きいだろう。

さらに別の思惑もある。あとになって分かるのだが、計画が動き出した当時、銅山川という吉野川の大きな支流にダムを建設する計画があり、隣接する愛媛県に分水しようとしていた。その際、吉野川下流の徳島県がダム計画に同意するに当たって、何らかの理由を付けて国からカネを徳島に落とすことが提案された。その素材として第十堰改築が選ばれたということが、当時の県議会の議事録を見ているとよく分かる。「条件堰」という言葉まででかなり露骨に使われているのに驚く。

シンポジウムは大反響

　私は第十堰近くで生まれ、吉野川で泳いだり釣りをしたりして育った。吉野川が激変するとなると、他人《ひと》ごとではない。

　九三年の春に家族や釣り仲間と一緒に長良川へキャンプ旅行に行った際、その帰りに「水郷水都全国会議」という水問題の全国集会が桑名で開かれていたので、寄ってみた。配られた資料の中に「全国河口堰一覧」があり、その中でもっとも規模の大きいのが吉野川であった。長良川で問題になっている河口堰と同じ規模の巨大プロジェクトであり、第十堰改築という言葉から感じられる、「古い堰を大補修する」こととは、全く別物だということが改めて実感として分かった。また、河口堰を建設した利根川などで水質汚染などの大きな被害が起こっている実態も分かった。

　そこでまず手始めに旧知の釣り仲間に声をかけて勉強会をすることから始めた。毎週木曜の夜に集まり、資料や本を読んだり話し合ったりした。広島県福山市に流れる芦田川の河口堰で大きな水質汚染が出たことを知り、旅行がてらみんなで見に行ったりもした。

　しかし、吉野川に予定されている河口堰に関しては、あまりにも資料が少ない。私は建設省の徳島工事事務所に直接足を運んで、資料の公開を求めてみた。だがＢ４判の紙一枚しか見せてくれず、なぜ河口堰建設が必要なのか、判然としない。あとは何を聞いても「知らない」「決まっていない」の繰り返しである。

これは仲間うちでやっていて済むような問題ではないと思い、シンポジウムを開催することにした。メインタイトルが「吉野川シンポジウム」、サブタイトルは「吉野川の自然と第十堰改築について考える」。環境面からのアプローチがテーマで、パネラーは野鳥の会の支部長、干潟の研究家、植物の専門家である。参加者は二五〇人前後、立ち見が出るぐらいにたくさん来て大盛況になった。私たちのほとんどが、これまで市民運動に出入りしていない人間だったので、どんな人たちが何を始めたのかと随分と興味を持たれたこともある。

私は他県の河口堰で起こった被害の実態調査と、何ヵ月間かで調べた第十堰改築計画の調査報告を行った。

会場ではアンケート調査をした。もともと会場に来るというのは関心のある人が多いだろうが、それでも三五パーセントが「第十堰の補修みたいよ」と思っており、可動堰が計画されていることすら知らなかったという有様だったのだ。

参加者から、当事者である建設省を呼んでもっと説明させるべきだという意見が多く出て、はからずもこのシンポジウムを主催した「吉野川シンポジウム実行委員会」は継続することになった。

引き続き、工事事務所に日参して、説明を聞いて資料を請求する。しかし都合の悪いことは頑として出さない。

これではラチが明かないので、「県の情報公開条例」を使ってこの計画について県が持っている資料を手に入れようと試みた。しかし、分厚い資料の所々が真っ黒に塗ってあったり白紙になったりしている。アユの遡上数、第十堰の通過流量といった基本的なデータでさえ、非開示である。非開示理由は、国が公開していないデータを県が公開するのは、国と県の信頼関係を損ねるというものであった。

治水事業は流域住民の生命財産の保護という大義名分を掲げている。だが一方、ほかの所ではいろんな大きな環境破壊が起こっている。権限のない住民側はどうやったらその問題に取り組めるのか。住民自身がいい情報も悪い情報も全部まずは知る。そのうえでどちらを選択するかという状況を作っていくのが大事ではないかと私たちは考えた。

私たちはあえて「建設反対派」という立場はとらず、あくまで「疑問派」というスタンスを貫いた。建設省からきちんとした説明があり、データが提示されて「住民のために可動堰は必要だ」と住民自身が納得できるのなら、それはそれでいい。

建設省のデータに疑問

建設省に対し二回目のシンポジウムに出席してもらうように、交渉を始めた。最初は出席の意向が伝えられたが、「地元にあいさつもしていない段階で出席するわけにはいかない」という恐るべき理由で出席を断られて、九四年の二月に開催した第二回シンポジウムは結局はこちら側から用意していたパネラーだけの講演会に変わってしまった。以後、何度も折衝を重ね、二年以上を経てようやく初めて出席したのが九五年一一月の第四回シンポジウムである。

その間、私たちも治水問題について勉強を続けていた。私も毎週土日には図書館に通って建設省が出した過去の報告書や河川工学の専門書を勉強して、九四年一一月には三〇項目の公開質問状を提出した。より客観的な議論をするために、この計画ができた経緯、計画が必要だと判断した根拠をきちんと数値で出して欲しいという申し入れを、公開質問という形でおこなったのである。

九五年の三月になって建設省から新しいデータが公開された。当初B4判のパンフレットで説明したものと随分と違っている。特に可動堰にする理由が、最高でもわずか四〇センチ程度、洪水時の水位を下げるためというのを初めて知らされた。それなら現在の堤防を少し補強すればすむのではないか。われわれはますます建設に疑問をいだくようになった。

　しかも、新しいデータを公開するために、徳島工事事務所の係官が東京の建設省本省に一週間詰めて、データ変更について折衝していたこともわかっている。

　九五年一一月の第四回目のシンポジウムで初めて建設省サイドからの出席が実現した。会場も定員五〇〇人規模の大がかりなシンポジウムで、係争地におけるこの規模のシンポジウムに建設省が出席したのは初めてである。

　そこでは長良川のような可動堰を吉野川に造った場合に水質に影響が及ぶかどうかが争点だったので、建設省からは徳島工事事務所の所長のみならず、長良川担当の中部地方建設局の所員が出席した。公開の場で建設省と直接議論する実例を作った意味は大きかった。

独自に算定しようという試み

　その直前の九月から全国一一ヵ所で建設省はダム審議委員会（ダム審）を始めていた。ダム審は、その名の通り建設省のダム計画を地元で審議するものだが、建設省と知事が審議委員を人選するので、実際は「地元側から建設にお墨付きを与える」ための役割にすり替わっている。全国ではダム審の開催自体に反対する風潮が強かった。

　しかし、徳島では少し違った。論議を広め住民の関心を高めるためにダム審を受け入れようと考えたのである。事業におかしい点があれば、みんなに伝わりやすくなる。果たして、審議委員会の人選があからさまに河口堰建設推進派ばかりという偏ったものだったので、地元マスコミをはじめとして、世論の批判が巻き起こった。しかも審議委員会自体が非公開だったので、「県民に隠れて何を審議するんだろう」とますます県民から浮き上がってしまう(第三回から一般市民の傍聴が、一〇人に限定で認められる。審議途中で傍聴を認めたのは全国のダム審の中では初めてである)。

予想通り、審議委員会では実質的な議論はなかった。

九五年の一一月に開かれた第二回ダム審議委員会で出された建設省の報告書を見ているうちに重大な問題に気付いた。

建設省に「洪水痕跡」というデータがある。台風などで河川が増水したとき、堤防のどこまで水位がきたかを記録として残したもので、河川計画を作るにあたって机上計算による増水時の水位が果たして正しいかどうか検証するために使われる。

そこで建設省が算出した計算水位と「洪水痕跡」とを比べてみると、ほかは全て合っているのに問題となっている第十堰の周辺四キロ区間だけがなぜか実際の痕跡値より一メートルも高いことに気がついたのである。第十堰周辺だけが過大な計算条件となっているということであり、この区域の計算は誤りだということになる。第十堰周辺の水位を四〇センチ下げるという「改築事業」の目的は、なんと実際より一メートルも高い誤った計算によって作り出されていたのだ。明らかにおかしい。

それなら住民側で独自に洪水時のデータを算出してみよう。私たちはそう考えた。結果は洪水時の水位は安全ラインより三〇センチ下回るというものだった。やはりこの事業の必要性はなかったのだ。ついに九七年の政府答弁書では「計算は絶対的なものではない」と答えざるをえなくなってしまった。

きわめて専門的なテーマに取り組めたのは仲間に河川技術者が何人かいたためだが、むろん当初からいたわけではない。

私たち素人が建設省と議論を繰り返しているうち、匿名でいろんな専門家からのアドバイスの手紙が届くようになった。県の土木部を退職したと思われるような人や、ゼネコンの技術者が、電話や手紙でアドバイスをしてくれるようになったのである。私たちの運動が「反対ありき」で突っ走るのではなく、データをもとに冷静に議論しようという姿勢だったので、それが専門家の共感を呼んだのかもしれない。

新河川法の登場と洪水キャンペーン

一九九七年一二月、新河川法が制定される。治水重視から環境と治水の共存という方向転換である。治水にしても単にダムとかコンクリートで押さえ込むだけではなく、流域全体で洪水を受け止めて処理しようという考え方への道が開かれ、地域住民の合意も河川事業の大切な要素となった。歴史的土木遺産である第十堰を残して吉野川について考えようというのは、新河川法の新しい理念にも合致するはずだ。

しかし、新河川法制定の流れと、現場の対応はまったくリンクしなかった。建設省は洪水計算の誤りが判明した一九九五年頃から具体的な議論を避けて大々的な洪水キャンペーンという手段に出てきた。江戸時代の洪水被害など、過去の記録を引き出してきて、洪水の怖さだけをビデオやカラーパンフレットで訴え続ける。吉野川本川の連続堤防は一度も決壊したことがないため、堤防がなかった江戸時代の話を持ち出したのであろう。もちろん第十堰とは何の関係もなく、やがてこのイメージ作戦は失敗に終わる。

すでに建設省と私たちとのやりとりでたくさんの問題点が明らかになっていた。

①一五〇年に一度の洪水対策のために可動堰が必要と言うが、二五〇年間第十堰が原因で洪水になった記録は一度もない。このため計画ができるまでいかなる地域の住民も第十堰撤去を要望したことはない。

②建設省の過大な計算に依ったとしても第十堰周辺の堤防をわずか五センチ高くして幅を五メートル広げれば可動堰と同じ効果となるため、わざわざ可動堰を作る必要がない。

③第十堰が老朽化しているというが、補修すればすむことで可動堰とは関係ない。中国の長江にある都江堰は二二五〇年経った今も現役である。

④可動堰で貯めた水を新たな水道用水に利用するというが、水は余っており新規利水の必要はない。(一九九九年、この利水目的は突然撤回された)

⑤長良川河口堰は一四日間水を滞留させて大きな環境破壊を引き起こしたが、吉野川は三〇日間も水を滞留させるためさらに深刻な被害をもたらす。

⑥一〇〇〇億円を越える建設費や毎年七億円の管理費を要するのに、可動堰はわずか数十年しか耐久性がなく、将来世代に負の遺産となる。

このような理由で世論は完全に建設反対の流れになっていた。

県内のあらゆる世論調査はすべて反対多数で、しかも現地に近いほど反対の比率が高く、最近になるほど反対が増えている。また選挙結果も同じ傾向である。一九九八年七月の参院選で推進派の現職候補(自民県連会長)が反対派の新人に完敗してから、以後この問題が争点となった選挙では推進派はほとんどが敗れている。

ところが、一九九七年に知事が「可動堰がベストだ」と表明したのをきっかけに、県議会、徳島市議会、対岸の藍住町議会など周辺自治体は次々と推進決議を出している。地元は計画を推進しているのだという姿勢をはっきりさせて、国の事業についてバックアップして住民の動きを押さえ込もうとする意図が露骨に見えてきた。その仕上げがダム審の答申というシナリオだったのだ。

一九九八年七月一三日、ダム審は「建設妥当」の答申を出した。前日の参院選で「建設反対」の民意が示された直後だけに、いかにも間合いが悪い。この茶番に県民は白けた。とはいえダム審議委員会は地域の意見を改めてまとめるためのものであった。そこで建設妥当の答申が出ていれば、地域住民の意見はゴーサインであると見なされる。とても容認できない。

それなら住民が本当に自分たちの意思表示をする手立てはいったい何があるだろうと考え、住民投票で可否を問うしかないと腹を決めた。

住民投票のために署名集め

住民投票をするためには、議会で条例を作らなければならない。住民側からの直接請求と議員の提案、首長の提案と三つの方法があるのだが、徳島市議会は推進決議を採択しているうえ、市長も推進をずっと公言していたから、直接請求しか選択肢がない。九月、第十堰問題に取り組む諸団体の枠を超えた幅広い市民たちの手で「第十堰住民投票の会」が作られ、住民投票実施に向けた動きが始まった。

徳島市の有権者は二一万人。どれだけたくさんの署名が集まるかによって直接請求の力の大きさが決まる。二一万人のうちの三分の一にあたる七万人は集めたい。三分の一の署名数はリコールできるだけの力がある。だから議会に対しては大きな力になる。

署名を集めるためには大変な労力が必要で、署名を集める人を受任者と呼ぶのだが、徳島市の有権者でなければ受任者になれない。しかも選挙管理委員会に登録が必要という非常に厳しい制約がある。七万人の署名集めをするためには、受任者が五〇〇〇人は要るだろうというのが過去の事例からも分かってきた。

そのためには、一般のごく普通の市民がどうやったら関心を持って立ち上がるかがキーポイントだと考え、こんな方針を決めた。既成政党から環境保護団体などの市民団体に至るまで、一切の団体組織は前面に出ない、「住民投票の会」への参加はすべて個人に限る。資金も普通の市民が自主的に自分たちの活動ということでお金を出し合えるような雰囲気にしたいから、団体割り当てなどをせずに全部カンパに頼った。署名簿の印刷費から事務所の経費まで、全部カンパでまかなった。

既成の政党や労働団体、市民団体は環境問題など政治に敏感な人たちが多く、彼らにも動いてもらいたいというのはもちろんある。ただ組織に所属していない人たちの動き方と、組織に所属している人たちの動き方は全然違うので、既成団体と住民が一緒に活動すると、組織に入っていない一般市民は運動の中心になれない。そうなってくるとどうしてもかかわる人が少なくなる。それは避けたい。吉野川というふるさとの川の問題だからこそ、誰もが一個人としてかかわれる、そんな場作りをしたかったのである。

また、住民投票は反対運動でも賛成運動でもなく、ふるさとの川の将来を住民が決めようという運動だという会のスタンスに対し、「考え方が生ぬるい」「建設反対運動としてやらないと駄目だ」という意見も出た。でも住民の意思と違う意思が議会や首長によって作られていることに対抗し、住民の本当の意思を法的にカタチにできるのが住民投票だ。だからこそ単なる反対運動を超える力を持つのだと訴えた。私自身も、マスコミから「もし投票の結果、賛成多数となれば反対をやめるのか」と聞かれ、「住民が選択した以上従う。作ったあと後悔することになっても」と答えていた。

逆に言えば、住民自身が本当に吉野川が大事で、可動堰問題への関心が高くなってこない限り、国の計画を変えるなんてことは到底できない。だから一九九三年に生まれた吉野川シンポジウム実行委員会の基本的な姿勢はいまも「疑問派」である。

署名運動は大成功に

署名の方法は「地方自治法」ですべて決められている。一字間違っていても無効になる可能性があり、生年月日が漏れても無効になる。代筆署名も無効だ。徳島はお年寄りが多いのでできるだけ大きな署名欄にしようといった細かい配慮もした。

いよいよ署名活動が始まった。

街角のあちこちには「みんなで決めよう第十堰」と書かれた黄色いのぼりがはためいている。買い物にきた市民が気軽に署名できるよう二五〇ヵ所のお店に署名簿が置かれた。するとそのうちお店のカウンターに積んである予備の署名簿がどんどんなくなり始めた。署名した人が頼まれたわけでもないのに「こんどは自分が集めよう」と持ち帰りだしたのだ。PTAの集まりでも老人会のバス旅行でもあっちこっちから署名簿が回ってくる。選管に登録された受認者は九三〇〇人。向こう三軒両隣の誰かは署名を集めていたことになる。たった一ヵ月で署名者は一〇万人を突破した。その数は徳島市議会議員四〇人全員の得票合計よりさらに多い。

予想外の出来事もあった。高校生が動き始めたのである。選挙権がないので、署名集めをする権限もない上、署名もできない、けれども将来に大きな影響を受けるという点では自分たちこそが当事者だと考え、さっそく独自の署名活動を始めたのである。

駅前に放課後、高校生たちが三々五々寄り集まり、公式の署名活動とは別の、自主的な署名活動が行われた。結果、多くの署名を集めて知事と市長にその署名を手渡した。これは大きな社会的反響を呼んで、推進派は「未成年に政治活動をさせていいのか」と横やりを校長に入れ、また親たちの間では「子供たちの自主的な判断で行った活動で、素晴らしいことだ」という声が広がる。最終的には校長会も署名活動容認の判断を下した。

署名運動は大成功に終わり、市議会で諮られることになった。

「一〇万人を超える署名が集まった段階で市議会が拒否するのは難しいのではないか」「少々条件を付けるにしても実際には住民投票条例案を可決するしかないのではないか」というのが、大方の見方であった。

しかし、採決が近付いてくるにつれ否決されそうだという空気が広がっていく。自民党の東京の本部からテコ入れが来ているという噂が随分と流れてきた。

一九九九年二月、市民の直接請求による住民投票条例案は、徳島市議会において賛成一六、反対二二という結果で否決されてしまった。

ただ意外な反応もあった。可動堰建設には一貫して賛成していたはずの公明党市議団が住民投票条例制定の賛成に回ったのである。署名集めをしていると「自分は自民党の支持者で、何十年来ずっと選挙で自民党以外に入れたことがない」という人であっても、可動堰には疑問だし、住民投票はするべきという人によく出会った。公明党が変わったというのも、吉野川を大事に思うそんな公明党支持者たちがやはりいたからに違いない。

否決から市議会選へ

否決の二ヵ月後には徳島市議会選挙が控えていた。五人替われば条例案は可決できる。住民投票の会は議論の末選挙に取り組むことを決めた。独自候補を擁立するため、住民投票を実現する「市民ネットワーク」という組織を作り、政治嫌いの無党派層の参加を呼びかけた。一方で住民投票の会は党派を問わずすべての住民投票賛成候補を応援し、選挙の争点を明確にすることに力を注いだ。

独自候補擁立となると、さらに一歩政治の中に入っていくことになるわけで、市民がここまでやるべきか、いささか躊躇はあった。だが市民が選んだはずの議員たちが市民の声を拒絶するという理不尽な現実を変えるチャンスが目の前にあるのだ。選挙にかかわれば自分たちの望みがかなえられるという展望がはっきりと見えていたことが大きかったのである。

市長リコールという手段も採り得たのだが、リコールという人を引きずり下ろす行為が、なんともネガティブな行動のように思えた。もちろん公職にある人というのはそれなりの覚悟を持って事に当たるべきだし、市民は当然の権利としてリコールできるのだけれども、できれば前向きな方法のほうが、運動自体も楽しめると考えた。

「市民ネットワーク」では、署名活動に力を入れた無党派の人の中から「だれか出ませんか」と呼びかけ、候補者を探し始めた。

期間が短いこともあって候補者選びは本当に大変だったが、なんとか五人の候補者を決めた。下馬評は「ひとり通れば大成功」というものだったが、果たして三人が当選する結果となるのである。

成功に終わった理由の一つは投票率に表れていると思う。住民投票とか第十堰問題は市議会選挙の争点にならないと、選挙のプロとかマスコミは予想していた。投票率が上がれば無党派層が市民ネットワークに票を投じるのだろうが、無理だろう、と。

ところが市議選では投票率が前回より八パーセント以上上がった。その結果三人当選となった。自分が投票に行けば変わるかもしれないという意識が強く現れたのだろう。

選挙活動がユニークだったことも、好結果をもたらした要因だろう。たとえば、当選した村上稔さんは自身は一銭も出していない。カンパだけで選挙戦を戦い、さらにカンパが余るほどだった。三〇二九票という得票に対し、支援者の名簿は一〇〇〇人足らず。得票数の何倍もの名簿があるのが当たり前と言われている世界である。

また、「市民ネットワーク」の候補者たちは、自分に票を入れてくれと言う前に、「とにかくあなたが前回投票した人がいったいどっちに回りましたか」ということを訴えつづけた。「あなたがもし入れた人が住民投票賛成に回ったのであれば、また必ず入れて欲しい。

私に入れなくてもいいからその人にどうぞそのまま入れてください」と。これは非常に新鮮な感じで受け止められたと思う。

このようにして、住民投票は市議選最大の争点となった。「民意を大切にする人か無視する人か」、市民は住民投票への賛否を通して候補者を見分けていった。選挙結果は住民投票賛成派二二人、反対派一六人となり議会勢力は逆転した。

五〇パーセントルール

選挙から二ヵ月が過ぎた六月、我が国の河川史上初めての住民投票条例案は可決されたのだが、その裏では公明党の住民投票条例案と三会派案との間で、かなり熾烈なやり取りがあった。

三会派案というのは、市民ネットワーク、共産党、新政会の三会派が準備した案で、直接請求の際の市民案に近いものだったが、公明党案はかなり違っていた。

まず投票する期日が空白になっているため、いつできるか全然分からない。無期延期もあり得る。しかも投票率が五〇パーセント未満は無効というハードル(「五〇パーセントルール」)を付けている。推進派がボイコット運動をやれば、五〇パーセントを上回ることが非常に厳しくなる。共産党は「公明党案には乗れない」という。「結局はやると言いながら実際はさせないということと同じではないか」「これは乗れない」と三会派は考え、ギリギリまで折衝を重ねた。

しかし、公明党は折れなかった。公明党案に乗ることが唯一住民投票を実現できる道だと考えた三会派は採決の前日、ついに公明党案に乗ることを決断した。

選挙で勝ったはずなのに難産となったのはわけがある。

議会ではねじれ現象が起こっていた。住民投票の賛否でみると賛成多数だが、可動堰の賛否でみると逆に少数派となってしまう。このため犬猿の仲の共産・公明が相乗りしない限り条例成立は不可能だったわけである。相乗りできたのは、運動の枠組みが「可動堰反対」ではなく「住民投票実現」だったからであり、その枠組みはフツーの市民が担っていたからである。

住民投票が実現するまで、半年を要した。私たちは市民の関心が薄れないように細心の注意を払った。いろいろな地域で勉強活動を続けた。最大の目標は、投票率五〇パーセントを超えることである。そのため、チラシやポスターも大量に必要だった。

こんなとき、多くの市民が協力を惜しまず、私たちをサポートしてくれたことで、どれだけ助かったことか。チラシやパンフレットは何万という単位で必要である。膨大なカネが必要なのだが、そんなとき支援者の印刷会社社長が仕事が終わってから徹夜で印刷をやってくれた。しかも安い印刷用紙を探して、紙の業者をまわってくれる。住民投票の会の事務所にしても大家さんが「空いている部屋を使ってくれ」というので駐車場が一〇台も使える、広い事務所を提供してくれた。看板職人の市民はただで看板を作ってくれ、チラシやパンフレットの編集、デザインも地元タウン誌「あわわ」に関わっているプロのデザイナーやコピーライターが手伝ってくれた。市民は、みんな何らかのプロなのである。彼らが共感しノウハウが一つにまとまったときの力は、目を見はるものがある。

中山正輝建設大臣（当時）が、投票直前になって「住民投票になじむものと、なじまないものがある」「科学的、技術的、土木工学的な根拠を要するものは投票行動の範囲外」「これは民主主義の誤作動だ」などと発言したが、徳島市民は動揺しなかったと思う。

可動堰推進派のボイコット運動は、予想通り活発に行われ、脅威ではあったが、逆に市民としてのプライドに気付かせることにもなった。

今までテーマが難しいということで「どっちの言い分もよく分かるので、態度を決めかねている」と迷っていた人たちが、あのボイコット運動を見て「これで推進派の本質が分かった」と言って反対票を投じたという人も出たぐらいである。

投票日直前、投票ボイコット運動に対してこんなこともあった。住民投票の投票率が五〇パーセントを超えたら、カラオケの室料やラーメン代などを割引をしようという商店の動きが始まったのである。投票日までに一二六店舗が、この割引キャンペーンに参加していく。また、コンビニによく集まっている未成年の子供たちが友達とメールのやり取りを始め、親に投票に行かせるという動きまで出てきたのである。

町の中心に架かるかちどき橋の上では、毎日プラカードを掲げた市民たちがいた。一月二三日の投票を呼びかけるために「123」「住民投票」と書かれたプラカードを、行き交う車に示すのである。折しも一月下旬にさしかかり、氷点下にまで気温がさがったり雪が舞うことさえある。しかし市民はプラカードを掲げ続けた。多くの車がこれに反応している。手を振る人がいる。笑顔でうなづく人もいる。そして泣いている人がいる。見知らぬ市民と市民が、車の通り過ぎる一瞬にすべてを共感し合っている。女子高生が「私にも手伝わせてください」と言ってくる。投票の前日、プラカードを持つ人々の姿は、市内全域に広がっていた。

民意は示されたが

運命の二〇〇〇年一月二三日、念願の住民投票は行われた。午後七時半に投票率が判明する。五五パーセントであった。「第十堰住民投票の会」事務所は歓声に沸いた。投票総数一一万三九九六票のうち、一〇万二七五九票が反対票だった。ようやく、徳島市民の民意が明確に表されたのである。小池正勝徳島市長は、翌日「徳島市として可動堰建設に反対します」と明言した。

二〇〇〇年の夏に与党三党から白紙勧告が出されたということが一つの大きな出来事であった。従来、公共事業が一度計画されると、方向転換しないのが当たり前だった。しかし、住民投票で民意が明確に示され、建設省もコミュニケーション型行政を謳い、新河川法でも住民参加が義務づけられている建前がある以上、無視することが出来なくなりつつあるのだ。

だが白紙勧告が出されて、完全に終わったかというとそうでもない。建設省の扇千景大臣が二〇〇〇年暮れになって、記者会見で「建設位置をずらせばいいのではないか」という発言をしている。今計画している建設場所を一キロほど上流にずらせば徳島市から石井町に変わるので、徳島市の住民投票で出た民意を尊重しなくても済む。本当に子供だましのような手口だが、可動堰復活の芽を何とか残したいという建設省の悪あがきなのであろう。

大義名分としては「住民のために」と言いながら住民が反対してもやっぱり止めない「公共事業」というものの本質が、まことによく表れている。だがこのような手法で押し通せる時代は過去のものとなりつつあるのも事実である。

かつて徳島市議会の議員が道路整備などの陳情のために、建設省に行く。そうすると必ず「可動堰をよろしく頼みますよ」という逆陳情が返ってきたという。「可動堰を徳島市議会がきちんとしないと、ほかの陳情は知りませんよ」というわけである。

だが国が地方交付金を自由に操って結局地方に言うことを聞かせるという仕組み、地方自治が建前だけで実質的には機能しないというこの仕組みが、いまあちこちで崩れ始めている。その例が二〇〇一年二月に行われた徳島市長選挙であろう。可動堰反対を公約に掲げた現職の小池正勝氏が、当選したのである。

建設省ＯＢの市長が反対に転じた

小池氏は建設省出身で自民党をおもな選挙母体として二期市長を務めてきた人である。もともと可動堰推進派だったが、一年前住民投票の結果を受け可動堰反対に転じた。さらに今回与党の白紙勧告を受けた扇建設大臣が「位置を変更して可動堰を建設すればいい」と言ったのに対し、迷った末「あらゆる可動堰に反対する」と言って出馬したのである。

自民党は激怒し、本気で小池氏を落としにかかった。徳島県政界の名門・原家の御曹司を対立候補にたて、一方中央から野中広務自民党元幹事長が応援にかけつけて業界団体ににらみをきかせるなど自民党県連は総力をあげて国政選挙レベルの選挙戦を展開した。

だが結果は小池正勝氏五万二一六六票対原秀樹氏二万六六三〇票。なんとダブルスコアをつけての小池氏の圧勝に終わった。おそらくこの選挙は建設省OBでありながら建設省のダム事業に反対する市長が当選した最初のケースであろう。

また徳島市民は、可動堰反対の候補が四人という乱立状態のなかで、住民投票の結果を守るためにどうすべきかを冷静に考え、動いた。その結果、国側から市民の側へ転じそのために追い落とされようとした首長をきちんと守り抜いたわけで、その政治的成熟は新しい時代を十分に予感させるものだ。

小池氏の圧勝を目の当たりにして、あれだけ市民に背を向け続けた市議会もあらゆる可動堰反対が多数派となった。程度の差はあれ政治家それぞれが市民の側に立つことの醍醐味を感じたはずである。それは政治家にとっても市民にとっても大切な出来事だ。

第十堰問題がある限り、政治家も政党も市民の考えを真剣に意識せざるをえず、一方市民は一人一人の弱い存在ではなく政治をコントロールできる立場にあることをしっかりと実感できる。民主主義政治にとって「第十堰」は、まるで霊験あらたかなお守り札のようだ。第十堰住民投票の体験はさまざまな分野で何かを気づかせ始めているのに違いない。

国土交通省がいまだに可動堰を検討しているため、私たちは住民の手で第十堰を守り可動堰に代わる吉野川の将来像を考えようと活動を始めた。流域住民で作る「吉野川第十堰の未来を作るみんなの会」がそれである。私たちの目的は行政に反対することでも行政の代行をすることでもない。住民がこれまでのように行政に依存することをやめ、自分たちで川の将来像を考えこれに行政を巻き込み実現していこうという新たな試みである。

専門家による検討や計画造りの費用も住民が「第十堰基金」を募っておこなう。

二〇世紀がひたすら川を川でないものに変え続けてきた時代だったとしたら、二一世紀は人々が力をあわせて森や里を元気にし本物の川を蘇らせる時代にしたいものだ。それは住民がふるさとの自分の川を取り戻していく過程となるはずである。

吉野川における住民の試みは二一世紀への吉野川発の挑戦である。国が二〇世紀の古い殻を破り、これに合流することを願う。

（「吉野川シンポジウム実行委員会」ホームページ　http://www.yoshinogawa.mandala.ne.jp/sympo/）

◉第3章◉

住民投票は

〝民主主義の実験〟である

柳川喜郎

1933年、東京都生まれ。

戦時中に岐阜県御嵩に疎開し、旧制中学、新制高校に通う。

名古屋大学卒。NHKニューデリー支局長、解説委員などを経て、95年より御嵩町長。

密かに進められた産廃計画

いま、日本は政治、経済、社会すべてが閉塞状況にある。なかでも政治は国民の信頼を失い、閉塞状況と元凶とされている。間接民主主義、政党政治といった在来の政治システムの限界が見えてきたともいえよう。

これまでとかく〝まま子〟扱いされてきた住民投票は、こうした閉塞状況の局面打開の一つの手段になる可能性を秘めている。平成九年六月の産廃処分場をめぐる岐阜県御嵩《みたけ》町の住民投票は、単に廃棄物や環境の問題だけでなく、民主主義や地方自治のあり方についても問いかける政治的実験であった。以下、住民投票の実施当事者からの現場報告である。

御嵩産廃問題の発端は平成三年八月、隣りの可児《かに》市にある産廃処理業者、寿和《としわ》工業が当時の御嵩町長に対し、町内の小和沢《こわさわ》地区に管理型産廃処分場を建設したい、と申し入れたことにはじまる。

寿和工業は全国でも大手の産廃業者とされ、近隣の多治見市で巨大な管理型産廃処分場を経営しているほか、小和沢の隣りにも安定型産廃処分場を所有していたが、新たに小和沢に三九・七ヘクタールの産廃処分場を建設し、将来は二〇〇ヘクタールの〝東洋一〟の産廃処分場を建設する計画であった。

小和沢は鎌倉時代の記録にも登場する古くからの集落だったが、御嵩町の中心部から離れた山間《やまあい》の谷にあることから過疎化が進み、わずか一〇戸の小集落だった。

前町長（当時の町長）によると、「建設計画の申し入れがあったときには、予定地買収の話が進んでいて一〇戸の立ち退き先も決まっていた」という。だとすると、計画は町長すら知らぬうちに密かに巧妙に進められていたのだろう。

付近は一平方メートルあたり一五〇〇円程度の山林だが、移転補償費だけで、一戸あたり一律一億二〇〇〇万円、それに移転先の土地なども産廃業者が確保してくれるというのだから、過疎に悩む地元民が父祖伝来の地から離れる決意をしたのは無理もないことかもしれない。

町は当初、産廃処分場の建設に反対した。小和沢は木曽川に面しており水汚染のおそれがあること、産廃搬入車による交通公害が予想されること、国定公園特別地域がふくまれ自然環境破壊のおそれがあることなどがその理由であった。

産廃処分場建設の許可権者である岐阜県知事に対し、町長名で「産廃処分場の建設は『不適』、予定地内の町有地の譲渡に応じる考えもない」とする意見書を提出していた。

しかし、寿和工業は意に介せず着々と計画の手続きを進め、岐阜県も計画実現に向けて強力に町に対し働きかけた。御嵩町の活性化を目的に組織された町内の中年男性グループ

「みたけ未来21」が反対の声をあげたが、町民が知らぬうちに町は次第に条件つき容認に傾いていった。

平成七年二月、御嵩町は寿和工業と協定書を結び、寿和工業から三五億円の見返り協力金を受け取ることで産廃処分場を受け入れることにした。

初め反対を表明していた町が、なぜ容認に方針転換をしたのか。県や業者の強い働きかけがあったことは確かだが、初めから条件つき賛成だったものの町民の意向を気にして当初反対を装っていたのかどうか、いまだに不透明である。

平成七年四月、私が町長に就任したとき、産廃処分場建設計画は発進直前の状態であった。

奇妙なことに、産廃処分場計画が着々と進んでいたことについて、ほとんどの町民は知らなかった。正確にいえば知らされていなかったのである。ましてや落下傘町長の私が知る由もなかった。

町長選の隠れた争点

御嵩町は濃尾平野と木曽と飛騨の山なみの端が接するところ、里山の町である。かつては中山道の宿場町であったが、いまは町内に六つのゴルフ場があるくらいで、とりたてていう特徴はない人口約二万人の町である。

第二次世界大戦末期、東京から近くに疎開してきた私は御嵩の旧制中学に入学、そして新制高校卒業まで六年間御嵩に通学した。大学を卒業後NHKに入り記者活動をしたあと、解説委員をつとめていたが、御嵩との縁から地元有志に町長選に立候補するよう要請をうけた。

晩年は大学で教壇に立ち、かたわら執筆活動をするという私なりの人生設計があったし、若い頃から政治にかかわる志向はなかった。だが、地元の懇望もだし難く、「緑のなかで暮らすのもいいのかな」と、迷ったあげく要請に応じ、町長選に立候補することになった。

対立候補は前町長の後継指名をうけた前助役であった。町政の実務を取りしきってきた人物で、県や産廃業者との交渉で産廃問題に深くかかわってきた。私が擁立グループに背中を押されるように立候補表明した直後、前町長が五選にむけていったん立候補表明したが、なぜか一ヵ月後に立候補を辞退し、代りに前助役が後継者として名乗りをあげた。

あとでわかったのだが、実はちょうどその頃、町と産廃業者の協定書の詰めなど産廃処分場容認の最終段階が密かに進んでいた。町長選は改革派と守旧派の対決とされたが、背景には私の知らない産廃の黒い影があったのである。

私の選対本部では選挙のスローガンについて毎晩のように議論が交された。若手メンバーが提案したのは「変えなきゃ・みたけ」だった。私が掲げたのは「みんなに見える町政、みんなに分かる町政」であった。

選対本部の討議のなかで、かつて産廃反対運動に加わって挫折したメンバーは、産廃反対を旗印にしようと主張した。しかし、他の多数のメンバーは産廃反対を公然と唱えるのに賛成しなかった。産廃問題についての情報が少なかったこともあるが、産廃を口にすると脅しめいたいやがらせがあったということで産廃問題は避けたいという雰囲気があったのだ。産廃問題は地元の言葉でいうと「いやらしい」、つまり触りたくないというのである。

私は多数意見に従うことにした。それに産廃処分場計画の内容や経緯について知らされていなかったほとんどの町民以上に私が事実関係について知っているはずはなく、事実関係をよく知らずして向背を決めることはできなかったからである。にわかに舞いおりてきた落下傘候補の弱点ともいえる。

結局、町長選では産廃問題は争点にならなかったばかりか、双方とも産廃問題を口にしたこともなかった。いまとなってみれば、良かったかどうか判断に迷うが、産廃問題という陰の最大の争点は結果として隠されてしまったのである。

投票の結果、私が相手候補にダブルスコアに近い票差をつけて当選した。

浮かびあがる「疑問と懸念」

町長に就任の直後、私は産廃処分場建設計画が発進直前の状態であることを初めて知って驚いた。一方では県や産廃業者から最終手続きを早く進めてくれ、と催促がつづいた。

そこで事実関係を知ることがなにより必要と、役場各課に散っていた産廃関連の資料や記録を町長室に集めた。段ボール六箱分の資料、記録に目を通すとともに関係者から事情を聴取した。

ところが、調べれば調べるほど産廃処分場計画についての「疑問と懸念」が次から次へと私の頭に浮かんできた。

御嵩町の産廃処分場計画は、木曽川にむかって切りこむ地形の谷に、汚泥や廃プラスチックなどの焼却施設、廃酸、廃アルカリ等の中間処理施設のほか、八八万立方メートルもの埋め立て最終処分場をつくるというものであった。

オオタカやクマタカが棲息する山林は伐採され、棚田や木曽川に注ぐ谷川は消える。焼却施設からのダイオキシン等の飛散のおそれがあり、産廃搬入車輌による交通公害も予想される。

こうしたローカルの環境破壊のおそれもさることながら、最大の問題は予定地から木曽川本流まで約五〇メートルしかなく、しかも急斜面であることだ。

処分場からの浸出液は処理したあと、木曽川に放流される。処分場には遮水シートを敷き万全を期すという。しかし、水処理や遮水シートの安全性は保証されてはいない。木曽川の下流では名古屋市民など五〇〇万人が毎日、この木曽川の水を水道水として利用している。かりに微量であっても有害な化学物質が処分場から流れこんだ場合、水道水の重要水源だけに影響が大きい。環境ホルモンなどの慢性汚染の懸念である。予定地には自然公園法によって自然景観を保全しなければならない国定公園、しかも自然改変がきびしく規制されている特別地域がふくまれている。

産廃処分場にふさわしいところとは、とても思えない。町外から現場視察に多くの人がやってくるが、木曽川の対岸に立って予定地の谷を遠望すると、ほとんどの人が思わず息をのむ。「なぜこんな所に……」、視覚からくる人間の実感である。「とても正気の沙汰と思えない」とつぶやく人もいる。「どこかに産廃処分場は必要だ」というのは、理解できる。だが、「産廃処分場はどこでもよい」のではない。

全国各地でゴミ処分場をめぐる紛争がおきているが、日本全国の山中であろうと海岸であろうと、ゴミ処分場としてすべての条件を満たす適地はどこにもないだろう。しかし、どこかにゴミ処分場が必要である、とすれば、比較較量の問題である。

最近、産廃処分場にも公共関与を求める声が強くなっているが、立地選定の段階にこそ公共関与が必要なのである。

公共機関が域内で多数の候補地をあげ、総合的、科学的、客観的に綿密な調査をおこなって候補地をしぼり、さらに精査を加えて立地を選定する作業が必要である。この作業のプロセスについては全面的な情報公開と説明責任が不可欠であることはいうまでもない。単に大量の産廃を埋め立て処分できるから、あるいは取得しやすい土地があったからなどという産廃業者の論理で、業者が選んだ土地での計画を公共が追認していく手法では説得力がない。

御嵩の場合、立地選定に公共が関与した形跡はない。小和沢に産廃計画の白羽の矢がたった理由に、大方の人が納得できる説得力と必然性があったならば、御嵩問題がここまでこじれることはなかっただろう。

不条理と理不尽

御嵩産廃処分場計画についての私の「疑問と懸念」は数十項目と数多く多岐にわたっている。

大別すれば、安全性について懸念があること、規模が巨大であること、大量埋め立て処分場であること、事業主体に信頼性がないこと、手続きに疑問があることなどである。

この「疑問と懸念」は岐阜県の求めに応じて提出してきているが、ひきつづき現在も新たにでてきた「疑問と懸念」について県に問い合わせ中である。県の回答をふくめて全文を御嵩町役場のホームページで公開している。関心のある方は参照していただきたい(http://www.town.mitake.gifu.jp)。

ここでは手続きに関する疑問を一例だけ紹介しておきたい。

平成六年四月、ちょうど前町長時代の御嵩町が産廃処分場反対から容認に姿勢転換をしつつあった頃だが、環境庁が各都道府県に対し、国定公園特別地域内における産廃処分場建設を禁止する通知をだした。自然景観の保全を目的とした自然公園法の趣旨にそった、いわば当然の通知である。

ところが、岐阜県はこの環境庁通知を御嵩町など市町村に伝達せず、一年後さらに一年間の「周知期間」を設けた。つまり環境庁通知の適用を二年間も保留したのである。全国都道府県のなかでもユニークな(?)独自の措置であった。

「周知期間」設定の直後、国定公園特別地域内での自然改変の許可申請書が寿和工業から岐阜県に提出された。絶妙というべきタイミングであった。この措置が違法か不当かは司法が判断するところだろうが、少なくともフェアな行政とはいい難いことは確かである。

不条理といえば、御嵩ならではの不条理もある。

御嵩は第二次世界大戦中から戦後にかけて全国有数の亜炭の産地であった。石炭でさえ石油にとってかわられたいま、低質の石炭である亜炭は見むきもされないが、当時は貴重なエネルギー源で、戦後の産業復興に大きく貢献した。

しかし、いま町に残っているのは町内の地下にひろがる廃坑だけである。浅い廃坑はいまだに年間数件の落盤をおこし、ときには家屋や学校の運動場などが破壊されている。重量構造物の建造は難しく、いつになったら落盤がおきなくなるのか見通しはない。大いなる「負の遺産」なのである。

産廃の処理は「産業の静脈」といわれる。御嵩の場合も産廃処分場推進派は「静脈が切れたら産業という身体がもたなくなる。だから処分場は必要」と、しきりに叫んでいた。だが、御嵩は半世紀前、「産業の動脈」として貢献し、いまその「負の遺産」に苦しめられつづけている。

「産業の静脈」の産廃は地下に埋め立てられ、未来永劫に残るが、将来どういう振舞い《ビヘイビア》をするのか、何年たったら無害化するのか、専門家でも分からない。「動脈」と同様に「静脈」も「負の遺産」になる可能性は大きい。

小さな町に「動脈」も「静脈」も、しかも半世紀の間に連続して引き受けろというのは心情論かもしれないが、理不尽というほかはない。

燃えはじめた産廃問題

産廃問題に火がついたのは、私の町長就任から二ヵ月あまり後におこなわれた平成七年七月の町議選からである。

町議選には多数の新人が立候補したが、そのうちの数人が公然と街頭演説で産廃問題をとりあげた。これが契機になり若い母親たちが中心となって産廃についての自主的勉強会を開いた。

「処分場計画はときどき耳にしていたが、よく分からないから」というのが動機であった。ところが、見知らぬ男たちがやってきて「なんで産廃勉強会など開くのか」と、再三にわたって凄んでいった。ウサギの足が落ちていたこともあった。以前から脅しやいやがらせについて聞いていた私は、この勉強会に対する圧力を耳にして産廃計画の背景について強い疑念をもつようになった。

NHK特派員としてアジアの独裁政権の国々をまわっているとき、言論の自由、集会の自由など基本的人権の侵害の事例を多く見てきたことから、不当な圧力には条件反射的に反発するくせが私にはついていた。

町議選の結果は、劇的だった。定員一八名のうち三分の二が新人で占められた。産廃容認にかかわった前議員の勢力は後退し、産廃計画に疑問をもつ新人が進出した。町内に充満していた見えない不満のガスが、町長選のマッチで爆発し、さらに町議選で誘爆をおこしたのだろう。

平成七年九月、一新した御嵩町議会は産廃計画の一時凍結を求める決議を賛成多数で可決した。翌日、私は処分場計画の諸手続きの一時凍結を求める要望書を岐阜県知事に提出した。その趣旨は「ほとんどの町民が知らないところで産廃計画が進行したので、広く町民に知らせ議論してもらうには時間が必要」というものであった。

「このままでは不測の事態がおきる可能性がある」とも書き添えたが、まさか我が身に襲撃とか盗聴という異常な事態が降りかかってくるとは予測できなかった。まさに不測であった。

私は「変えなきゃ・みたけ」の声で擁立された町長であり、私の公約は「みんなに見える町政、みんなに分かる町政」であったので、できるところから改革の手を打っていった。

町長就任直後、私は町役場の幹部会議で「町の業務と関係のある企業や個人からの御中元や御歳暮などはいただかない」と宣言し、御中元シーズンに届いた二十数点はすべて礼状をつけて送り返した。次の御歳暮シーズン以降はまったく届かなくなった。

国や県の出先機関の幹部を接待する官官接待、盆暮のつけ届けは全廃した。同じように長年の慣習であったミニコミ紙の購読もやめた。当時、こうしたことは奇異に見られたようだが、私は気にしなかった。

産廃計画に限らず町政全般にかかる厚いベールに気づいた私は、情報公開条例案をまとめて町議会に提出した。いったんは時期尚早という理由で審議未了になったが、私はあきらめず、むしろ「知る権利」を明記するなど内容を強めて再提案し可決された。岐阜県の町村では初の情報公開条例であった。

なぜ御嵩産廃問題がこじれてしまったのか、その大きな原因は情報の公開がほとんどなかったことだろう。

例えば町と産廃業者の協定書である。〝東洋一〟の巨大産廃処分場を受け入れること自体、町にとって重大な問題である。それだけではなく見返りとして三五億円の協力金を受け取ることも、一般会計の予算規模が六〇億円程度の町にとって極めて重要なことである。ところが、協定書の内容を知っていたのは町幹部と町会議員合せて三〇人足らずであった。ほとんどの町民は協定書の内容はおろか、協定書が交わされたことも知らなかった。

地元の自治会で産廃問題が話し合われたことがあるというが、初期のころ「まだ決まった話ではない」といっていた前町長らは、容認に転じたあと「町には何の権限もないので」と逃げ口上をいうようになったという。「どうしようもなかった」と当時の自治会長はいっている。

民意を知る三つの選択肢

許可権をもつ岐阜県との話し合いはつづいた。とにかく県は発進寸前であった産廃処分場計画を早く発進させるよう私にくり返し促した。なんとか県内に産廃処分場を確保したいという意向だけなのかどうか、いずれにせよ異常なほどの肩入れであった。

県庁での話し合いの席上、県幹部は「あなたは選挙で圧倒的な支持をうけて町長に当選したのだから、あなたがOKといえば計画は実現する」と私に判断を迫った。しかし、私は「それはできない」と答えた。

「御嵩町の産廃処分場計画は私の一存や私の胸先三寸で決められるほど、小さな問題ではない。それに町長選で産廃問題は争点にならなかったどころか、まったく触れられなかった。私は産廃問題について町民から白紙委任は受けていない。町民に知ってもらって議論してもらう必要がある」

反論はなかったが、相手の表情は不満そうだった。

産廃処分場計画を推進する立場の人たちは、行政の継続性をしきりに主張した。前町政が容認の方針を決めたのだから、その方針を継承する必要がある、というのである。

たしかに行政の継続性は、できる限り尊重すべきである。だが、行政の継続性と民主主義のルールのどちらを優先させるかとなると、当然のことながら民主主義のルールが優先されなければならない。

民主政治の原点は選挙である。首長にも議員にも一定の任期があり、選挙によって信任されないかぎり、その職につくことも留まることもできない。新しい人が選ばれれば、当然のことながら政策や方針は変わる。クローン政治はありえない。もし行政の継続性を優先させるとなると、一人が死ぬまで職に留まった方がよいということにもなるが、そんなことは民主主義社会では許されない。

とにかく私は町民の意思を知りたかった。町内には産廃推進派の町民も反対派の町民もいることが次第に鮮明になってきたが、多くはものを言わない人たちだった。町民の多数の意思を知って、それによって方針を決めることがベストの選択であると信じた。

私は町議会などで「産廃問題の是非は民意に従いたい。民意を知る方法として、町民の代表からなる町議会で明確な決議をする、住民投票で賛否を問う、それに補完と確認を兼ねて町議会の決議と住民投票の両者をおこなう、この三つの選択肢がある」と発言するようになった。

前町政の町議会では産廃処分場計画について特別委員会を設けて検討し、平成六年六月、報告書をまとめて町議会で了承されていた。不思議なことに、このことについてもほとんどの町民は知らなかった。閉ざされた空間での審議であったためだが、情報不足に慣らされてきた町民の町議会に対する無関心もあった。

問題は特別委員会報告の内容である。「(産廃処分場建設には)基本的に反対であるが、町執行部が前向きの姿勢をとられるならば、安全を第一に考え……、町の要望の実現に努力することが重要」というのである。

産廃処分場に反対と表明しながら、一方では容認に転じた町執行部の方針を条件つきで追認しているのである。そこには議会としての独自性はうかがえず、とにかく玉虫色の内容であった。これでは民意を知るよすがには、とてもなりえなかった。

襲撃事件から住民投票へ

県に対する産廃計画の一時凍結要望、町と産廃業者の協定書の報道、県に対する「疑問と懸念」の質問状提出など、新たな局面が展開するにつれて、にわかに御嵩町はあわただしくなっていった。

名古屋など下流の自治体、市民団体、弁護士会などのグループのほか、全国各地からさまざまなグループが御嵩町にやってきた。新聞やテレビの報道陣も毎日のように取材活動をつづけた。町民の関心も急に高まってきた。

町長室にイレズミの男があらわれて「産廃計画を前へ進めろ。さもないと介入する」と凄んでいったり、それまで見たこともないミニコミ紙が町政批判や町長非難の紙つぶてを連発した。

空気が緊迫していくのを感じた私の友人たちは、しきりに「身辺に注意しろ」と私に声をかけるようになった。私は「記者時代に戦争、クーデター、暴動など修羅場をくぐってきたから大丈夫」と意に介しなかった。まさかと思っていたのは、私の油断であり不覚でもあった。

のちに分かったのだが、この頃、私の住んでいたアパートの電話が盗聴されていたのである。しかも念のいったことに二つの盗聴犯グループによってである。

二つの犯人グループとも逮捕され有罪が確定しているが、裁判記録によると、二つのグループの共通点は、いずれも産廃計画に慎重な私のスキャンダルをつかんで失脚をねらったものであること、それに両グループの主犯(元暴力団員、政治団体幹部)に対し寿和工業の会長から四〇〇〇万円以上の趣旨不明の金が渡されていたことの二点である。

この電話盗聴のあと、平成八年一〇月三〇日夕方、町役場からアパートに帰りエレベーターを降りたところで、私は二人の男に上半身を乱打され瀕死の重傷を負った。この襲撃事件はいまだに解決していないが、いくら考えても心当りは産廃問題しかない。

襲撃事件の翌日、私が集中治療室で意識もうろうになっているとき、私を町長に擁立した人たちなど町民約三〇人が急遽集まったところで、住民投票の発議が出された。それまで町民の誰もが住民投票が現実になるとは思っていなかったが、緊急の異常事態のなかで急に話がまとまったという。

町内で陶磁器加工業を営む人が全国各地の住民投票条例案などを取り寄せ、六法全書と首っぴきで条例の案文を練りあげた。

住民投票条例の制定を求める直接請求の署名活動は、町内の四つの市民グループの人が手分けして開始された。血なまぐさい事件の直後だっただけに、署名活動には勇気が必要だった。条例案をまとめ署名活動の代表者になった人は防弾チョッキを着用して出歩いた。万一の場合を考えて署名簿の原本はゴミ箱に保管するほどの神経の使いようだった。

署名活動は順調に進み、一週間足らずで必要数の三倍の署名が集まった。警察官の二四時間態勢の警護つきで入院していた私は、こうした町内の動きを断片的に聞くだけだったが、一ヵ月後に退院して公務に復帰したところへ住民投票条例制定の直接請求が提出された。

町議会では当初、住民投票について戸惑いの雰囲気があった。住民投票は議会民主制の否定につながるのではないかという疑問であった。しかし、町議会としても産廃処分場建設について責任ある明確な姿勢を表明する必要があるとする意見が強くなり、議会提案で産廃処分場建設に反対する決議案が提出され賛成多数で採択された。

年を越して平成九年一月、住民の直接請求による住民投票条例案を、私は積極意見を付して町議会に提出した。

町議会本会議では議長ら二人を除く一六人が賛否両論に分かれて討論に立った。採決の結果、議長を除く一七人の議員のうち一二人が条例案に賛成し、可決された。

情報公開実施へ

住民投票条例成立から投票まで、まさに疾風怒濤の五ヵ月間だった。

なによりも私が力点をおいたのは情報の公開、情報の提示、つまり判断材料の提供であった。何分にも町民の知らないところで計画が進められてきたため、計画の内容や経緯、利害得失を町民に知ってもらうことが絶対必要と考えたからである。それに、単に「ゴミ処分場が嫌だ」などという感情論やムード論ではなく、冷静で良識的な判断を下してもらいたいという願いもこめられていた。

私は毎晩のように〝町内行脚〟と称して町内の公民館や集会所に出向いた。ある会場では四〇〇人ほど、別の会場では十数人と、計四一会場で説明会を開いた。

各会場とも町役場の課長が産廃処分場計画の内容と経緯について説明したあと、私が計画のメリットとデメリットをそれぞれ四点に整理して解説した。そのあと質疑応答にうつる二時間から二時間半のパターンであった。

全治一〇ヵ月の私の傷はまだ癒えていなかった。金属で骨折部分をつないだ右腕は不自由で動かなかった。頭蓋骨骨折の頭の毛髪は生えそろっていなかった。防弾チョッキが折れた鎖骨に当って痛かった。肋骨が折れて肺に刺さったので、大きな呼吸ができず苦しかった。説明に立って三〇分もすると額から脂汗がふきあげてきた。

説明会に集まってきた人たちの表情は真剣そのものだった。次第に熱気が感じられるようになった。

産廃処分場に反対する住民組織が発足し、町外から講師を招いたりして集会を開きビラ配りもはじまった。主力は政治活動や選挙運動に関わったことがない主婦たちだった。昏寒しの町の雰囲気は変わって、公然と産廃反対の声をあげるようになった。

一方、産廃推進派も組織をつくり、前町長が会長になって活動を開始した。こちらの集会には建設業関係者、中高年者など男性が目立ち、元県会議長の浪曲のアトラクションもあった。

賛成反対両派の活動がつづくなか、数十人のマスコミ陣が町内を取材に走りまわった。正体不明のミニコミ紙の紙つぶてもつづいた。

しかし、不思議なことに町外から大きい街宣車がやってきてがなりたてることはなかった。住民投票には公職選挙法が適用されないので、買収や供応が横行するのでは、と心配する声もあったが、知りうる限りでは、なかったようだ。そうしたことは許されないとする空気が、すでに町内に醸成されていたのだろう。

住民投票にあたって町民にできるだけ多くの判断材料を提供する機会として、私は賛成反対両派の公開討論会を提案したが、賛成派が応じず公開討論会は実現しなかった。

岐阜県に対しても、知事か知事代理に来てもらって私との話し合いを公開でおこなうよう提案したが、これも残念ながら実現しなかった。

住民投票への揺さぶり攻勢

住民投票は地方自治の本旨にのっとって、地域の重要テーマについて住民が自ら考えて判断を下す住民自決の制度である。外からの関与や介入は望ましくない。だが、外部からの雑音が入ることがある。

岐阜県がにわかにまとめた「調整試案」なる妥協案を明らかにしたのは、住民投票の二ヵ月前のことであった。「調整試案」の内容は事業主体に公共関与をするなど、それまで寿和工業の計画を変更する気配すら見せなかった県としては、かなり妥協的な案ではあった。しかし、にわか仕立てのためか、内容は具体性に欠け、安全保障対策や資金対策などが明確でなかった。それに、時期から考えて何をいまさらという〝出し遅れの証文〟であった。

住民投票条例は六年前からの産廃計画についての賛否を二者択一で問うもので、「調整試案」のようなものは想定外であった。条例で定められた投票の期限も迫っていた。また、町という自治体が実施する住民投票に県という別の自治体が関わってくることは筋が通らない。

しかし、県は住民の要請があったからとして、県職員が町内に入って賛成派住民などに対し「調整試案」の説明会を開きはじめた。反対派の住民グループは県に抗議したが、聞きいれられず説明会はつづいた。

このままでは混乱がおきると判断した私は「調整試案の説明会は地方自治の本旨にもとる」と文書で抗議した。さすがの県も説明会を中止した。

住民投票への揺さぶりは、なおもつづいた。

住民投票の投票日直前、寿和工業が岐阜地裁に御嵩町と町長の私を相手どって訴訟をおこしたのである。処分場予定地内の町有地の売買に町が応じないのは違法だとして、計画の遅れによる損害三億円を賠償せよ、というものであった。

以前から寿和工業は訴訟の構えをみせて町に圧力をかけていたが、住民投票直前に訴訟を提起したのは明らかに住民投票への揺さぶりであった。私は記者会見で「もともと産廃計画には不透明な部分が多い。法廷で明らかにしたい」と述べ、応訴した。

産廃処分場予定地内の町有地は三〇〇〇平方メートル程度であったが、予定地の中心部にあるため寿和工業としては買収しなければ処分場建設は物理的に不可能である。

そこで訴訟となったのだが、住民投票のあとも濫訴をくり返したあげく、結局、二年後に全部の訴訟を取り下げてしまった。

住民意識の変化

平成九年六月二二日、産廃処分場計画の是非をめぐる御嵩町の住民投票が実施された。投票率は八七・五パーセント。開票の結果、反対一万三七三票（七九・六五パーセント）、賛成二四四二票（一八・七五パーセント）であった。

私が注目していたのは絶対得票率であった。その全有権者に占める得票率は反対が六九・七パーセント、全有権者の三分の二以上が反対票を投じていた。明確で説得力のある結果であった。

その夜、私は記者会見で「御嵩町民は『カネより命』の選択をした。私は民意を尊重する」と述べた。そして、こうつづけた。

「御嵩町の住民投票は産廃問題を問うものであったが、同時に民主主義のあり方、地方自治のあり方を問うものであった。絶対得票率で明確に示された結果も大事だが、住民投票を通じて町民が自分たちの町の問題を自分たちで考え、そして自由に発言するようになったことは大きな収穫だと思う」

その記者会見のころ、反対派住民グループの事務所前では、反対票が目標の一万票を超えたことで大きな歓声があがっていた。ほとんどが選挙運動などにかかわったことがない人たちだった。産廃反対運動にも住民投票運動にも参加しなかった人たちも多くみられた。サイレント・マジョリティの人々だった。

住民投票のあと、思わぬ副産物がでてきた。住民投票を通じて廃棄物問題を学習するうちに、自分たちが日常だしている家庭ゴミ、一般廃棄物の処理の仕方がよかったのか、という反省がでてきたのである。

スーパーや商店でポリ袋をもらうのをやめようと、女性たちが自主的に買い物袋普及運動をはじめた。産業廃棄物である自動車シートの端布をもらってきて、ボランティアが大量の買い物袋を縫って、買い物袋デザインコンクールまでやった。

町のゴミ減量検討委員会では公募の町民が夜おそくまで活発な議論をくり返すようになった。

こどもたちの環境意識も高まった。中学校では生徒が自発的に卒業記念として下水汚泥をリサイクルした煉瓦で校舎の中庭を整備した。環境保護に役立つ植物として知られるケナフ栽培の全国コンクールで一位に入賞する生徒もでてきた。

自分たちの町のことは自分たちで考えて行動しようという住民意識の高まりは環境問題に限らなかった。青少年の非行対策を行政や警察にまかせず、自分たちが行動しようと会合がくり返され、ボランティアによる夜間巡回がはじまった。

こうした副産物のような動きは芽が出た段階だが、将来、町に根づいていけば、あるいは住民投票の結果そのものより大きな収穫になるのかもしれない。

多様化社会と民主主義

最近の選挙での投票率の低迷にみられるように、国民の政治離れ、政治無関心層の増加は目をおおうばかりだ。民主主義の危機ともいえる。

その原因として政治に対する不信、政治家に対する信頼感の低下が大きいが、社会構造の変化によって人々の価値観が多様化していることも要因である。

都市化、職業の多様化、核家族化、高学歴化、少子高齢化など、さまざまな変化によって人々の価値観が多様になった結果、政治や行政に対するニーズも複雑に多様化してきている。

選挙で代表を選んでも、投票者からみれば、その代表にすべての政策を白紙委任したわけではない、という思いは強い。

有権者の価値観の多様化のなかで、とくに間接民主制の限界が見えてきたともいえるだろう。

その限界を補完するために、選挙で選んだ代表にすべての政策決定を白紙委任するのではなく、重要な政治課題、あるいは住民が特に求める事項については、その意思決定を住民が留保して住民投票で決する制度を採用している国もある。

しかし、日本ではいぜんとして住民投票に対する批判、抵抗感が根強い。

例えば、住民投票は地域エゴにつながりやすいという論である。御嵩町の住民投票は新潟県巻町の原発をめぐる住民投票、沖縄の米軍基地をめぐる県民投票につづく全国三番目のものであった。原発も米軍基地も産廃処分場も迷惑施設だから、NOの結果が出る、いずれもどこかには必要な施設なのだから地域エゴだ、というものである。

だが、まず考えたいのは、エゴというものは、そんなに不当で邪悪で唾棄されるべきものだろうか、ということである。人間社会はエゴで成り立っているといってよい。戦争、民族紛争、宗教紛争、階級闘争、政党間の論争、企業の競争から受験戦争にいたるまで、エゴの衝突である。エゴをまったく捨てた人間は、おそらく生きてはいけないだろう。

また、迷惑施設を嫌だというのがエゴならば、迷惑施設を遠くに押しつける側はエゴではないのか、という疑問もある。

御嵩の産廃処分場の場合、いちばん懸念されるのは木曽川の水の汚染だが、御嵩町民は木曽川の水を一滴も利用していない。しかも御嵩町民は木曽川の水を利用している下流の名古屋市民の二倍の水道料金を払って、遠く飛騨川から引いてきた水を飲んでいるのである。地域エゴといえるのだろうか。

住民投票は衆愚政治につながるという批判がある。知識も判断力もない大衆に問うても、まともな結果がでないというのである。

たしかに、知らしむべからずよらしむべし、の状況のもとで住民投票をやれば、正当な結果にはならないだろう。しかし、積極的に情報を提示し判断材料を提供すれば、大方の住民はバランス感覚ある判断を下すものである。実感として、御嵩では住民投票は衆愚政治ではないことが実証された。

住民投票は住民の間にシコリを残すから問題だ、という見方もある。しかし、この点は首長や議員の選挙でも同じである。かえって首長選挙の方が人間がからむのでシコリが大きいともいえるし、シコリが残るからという理由で首長を無投票で選ぶことは民主主義社会では正しくない。住民投票も同様で、よろずナアナアの解決法は必ず後に禍根を残す。

住民投票の条件

やはり住民投票はやって良かった、というのが私の総括である。特定の地域の重要テーマを問う住民投票は大いにありうべし、と考えている。

では、住民投票は万能かというと、そうではない。住民投票は切れ味のよい両刃の剣であり、それだけに使い方を誤まると、思わぬ怪我をするだろう。住民投票の乱発は避けるべきである。

住民投票を実施するには、いくつかの条件がある。

まず絶対不可欠の条件としては、事前に十分な情報の公開、情報の提示、判断材料の提供を必要とすることである。

問うべきテーマの事実関係について、行政が時間とエネルギーをかけて住民に説明しなければならない。情報公開なき住民投票は衆愚政治につながる恐れがある。

第二の条件は、住民投票を政争の具《ツール》にしてはならないことである。

住民投票は特定のテーマについて純然と民意を問うもので、もともとある地域間の対立や議会内の派閥抗争などに決着をつける手段として使った場合には、住民投票性悪論につながってしまう。

第三の条件としては、住民投票をおこなうには一定以上の民度のレベルが必要である。住民投票には公職選挙法が適用されないので、買収や供応をしても処罰の対象にならない。だからといって買収や供応がはびこるような土壌のもとでは、住民投票はするべきではない。

住民投票への社会的認知は徐々ながら着実に進んでいる。

例えば徳島市の吉野川可動堰をめぐる住民投票である(第2章)。実施までには紆余曲折があったが、住民投票に示された民意の重さを実証している。

愛知県高浜市のように、当面は住民投票に問うテーマがなくても、常設の住民投票条例を制定するところもでてきている。

地方分権の時代といわれるなかで地方制度調査会の審議でも住民投票を間接民主制の補完的な制度として構築できないかと検討がおこなわれた。

現段階では一般的な住民投票の制度化の結論には至らなかったが、市町村合併については住民投票制を導入するのが適当とする方向が打ちだされた。

ＩＴ時代のなかで電子投票が技術的に現実性を帯びてきた。ギリシャ都市国家の広場でおこなわれていたような直接民主制が電子投票によって可能になることも、あながち夢ではないだろう。

おまかせ民主主義、観客民主主義がつづくかぎり、政治や行政の閉塞状況は深刻になるばかりだ。住民が政治や行政に直接参加し、結果責任を分かちあう〝民主主義の実験〟住民投票は、行き詰りの局面を打開する突破口になりうる可能性を秘めている。

住民投票は試行錯誤をくり返しながら、これから頻度と熟度を増していくだろう。

◉第4章◉

公開討論会のすすめ

小田全宏

1958年、滋賀県生まれ。東京大学法学部卒。松下政経塾を経て、人材教育の会社を設立。また「地球市民会議」「リンカーンフォーラム」を設立、公開討論会を広める。現在は『「首相公選」の会』代表。著書に『立候補者をみきわめる公開討論会の開き方』(毎日新聞社)など多数。

静かに広がる動き

今、全国の選挙戦において、候補者同士の公開討論会が静かに広がっている。

公開討論会とは、選挙の前に（告示・公示前と後の両方がある）約二時間ほどそれぞれの候補者が一堂に会し、自分の政策や理念を述べ、時にはお互い討論し、それを有権者が見て投票しようという試みである。ここには一切の党派性や特定の候補を応援しようという意図はない。ただ、自分達の街のリーダー候補がどんな考えを持ち、どんな人格であるのかじっくりと見極めようという、素朴な市民の願いがあるだけである。私は、公開討論会の広がりに関しては、この素朴な願いが人々の心を摑んだのだと思う。

かつては衆議院選挙を中心に立会演説会というものがあった。これは、選挙の期間中、それぞれの候補者が一つの会場に会し、二〇分ずつ自分の考えを述べて行く場であり、有権者はそれぞれの候補者の政策を公平に聞き投票の判断材料にしていた。これは選挙管理委員会が企画運営していたのだが、昭和五八（一九八三）年、国会の申し合わせにより廃止になった。

この立会演説会は始まった当初は非常によく機能していた。しかし、時が経つにつれて、次第に形骸化していったのである。本来は有権者が複数の候補者の考えを公平に比較するというのが建前であったが、最後のころになると、各陣営の動員合戦が繰り広げられ、自分が応援する候補の話だけ聞いてそれが終わると一斉に会場を出て行ってしまっていた。ひどいヤジが飛び交い、時に壇上で立ち往生する候補者も続出したという。そこで「もうやめにしよう」ということになって消滅してしまったのである。

そして日本の選挙と言えば、選挙カーによる候補者の名前の連呼か、大動員選挙のどちらかだけになった。それぞれの候補者同士が討論するという場面などまず存在していなかった。

ところが一九九〇年代後半になって、普通の市民の手による公開討論会がどんどん広がり、今や選挙において公開討論会の開催は当たり前という状況にまでなっている。

本論では、なぜその公開討論会が広がってきたのか、またこの公開討論会が政治に何をもたらしたのか、またこの公開討論会がどのようにして市民の手によって運営されてきたのか、その核心を述べたいと思う。あなたの街にも、必ず市町村長選や知事選あるいは衆参議院選挙がある。是非、公開討論会の本質を掴んでいただき、思いきって自分で実施するか、会場に足を運んでいただければ幸いである。

今日まで全国で三三五回(二〇〇一年一月現在)公開討論会が開かれたが、これを実施されたのは本当に名もない善良な市民がほとんどである。あなたの勇気が必ず大きな結果をもたらすことだろう。そんな意味で是非、自分自身が政治を変える主体者であるという認識のもと、拙論をお読みいただければ有難い。

公開討論会はどのようにして始まったか

私が公開討論会に興味を持ったのは、一九九四年のことである。当時は今よりももっと激しく政治と金銭の問題が先鋭化していた時で、政治改革が政治の最も大きな焦点であった。大混乱の末、細川護熙内閣の時に衆議院の選挙制度が変更され、それまでの中選挙区制度から、今日の小選挙区比例代表並立制へと移行した。鳴り物入りで登場した選挙制度改革であったが、残念ながらこの改革によっては、政治に対する国民の信頼は戻ってこなかった。それどころか、皮肉なことに日本の政治はこの時を境に迷走状態に入ってしまったのである。

当時ふとしたきっかけで、私はイギリスの選挙制度を研究する機会を得た。あきらかに、日本の政治システムとは違う民主主義の在り方がそこにあった。

もちろんイギリスでも、初めからすばらしい政治が行われていたわけではない。一九世紀の選挙では候補者による買収は当たり前であり、レストランやバーでは札束が飛び交っていたという。ところが、あまりの腐敗ぶりを見て、時の首相であるグラッドストーンは意を決し「もうこれ以上テームズ川の流れを汚してはいけない」という有名な演説をし、二六日間に及ぶ議論の末、世界で最も厳しい腐敗防止法を制定したのである。それ以来イギリスからは選挙における腐敗は根絶された。イギリスの国会議員選挙の候補者が、選挙にかけてよい費用は日本円にしてなんと一五〇万円足らずである。そこからビタ一文オーバーしてもアウトである。非常に厳しい制度である。

また選挙における候補者選びも日本とは全く違う。日本では親が死ねば子供が継いで、まるで大名の跡目相続のようなものであるが、イギリスでは候補者は公募され、その人物の政治的信条やそれまでの実績、また党への貢献度、人格、説得力、知力やスピーチ力などが総合的に判断され、何人かに絞られた上で党員の前で公開討論会を行い、投票で候補者が決まるのである。

そして実際の選挙ともなれば、保守党と労働党の候補はお互い有権者の前で自分の政策を述べ意見を戦わせる。それを見て有権者は投票をするのである。欧米では候補者が有権者の前で討論するのは当たり前である。アメリカ大統領選挙のように、テレビ討論の結果が支持率に大きく影響を与えるということはしばしばある。ところが日本には候補者同士の討論の場というのは、皆無といってよかった。

一九九五年、私は公開討論会の研究普及と環境問題の研究を行う、地球市民会議という

NGOを組織した。そして、この公開討論会を普及するプロジェクトの名前を「リンカーン・フォーラム」と名づけた。この名前は、アメリカ第一六代大統領リンカーンが南北戦争の真っ只中、ゲティスバークで演説した「人民の人民による人民のための政治をこの世から滅ぼしてはならない」という有名な言葉からとったものである。

そこでどうしたら公開討論会ができるか研究に入った。まず法的に問題がないか検討したのだが、のっけからこの目論見は行き詰まった。というのは、公職選挙法第一六四条を中心として、選挙戦において第三者が公開討論会を開催してはならないと明確に記されているからである。従って、もしも私達がこの公開討論会を始める前に、誰かが市長選挙などで公開討論会を企画したとしても、九九パーセント選挙管理委員会に止められていたはずである。

しかし、考えてみると、これから自分達のリーダーを選ぶときに、その候補者の政策を公平に見比べようとすることは、どう考えても当たり前のことだと思い、私は自治省選挙課に赴き詳しく法律の中身を教えていただいた。その結果、詳細ははぶくが、慎重に公平性に配慮するなら、公開討論会を開催できる道が見えてきたのである。しかし自治省としては、この試みにお墨付きを出すわけにはいかない。もし、法律違反に問われた時は私達がすべての責任を負わなければならないということであった。しかし少なくとも、一筋の光明が見えてきた。

　そこで数人の仲間を集め、具体的にどう実現したらいいか話し合った。対象となる選挙、実施母体の作り方、企画内容、各立候補(予定)者へのアプローチ方法、費用、会場の確保、有権者の動員方法、マスコミ対応、当日の運営、討論の進め方、フォローアップ、日常活動——などである。

　当然まだこちらもよくわかっていない状態であったが、とにかく実践しながら考えることにした。そこで、まずどこで市長選や知事選があるかを調べた。めぼしいところの首長選挙を見つけては、誰か公開討論会の代表をしてくれる人はいないか、人から人を紹介してもらって、一生懸命説得した。

　もちろん、私達も全力でサポートするとしても、やはり代表者はその選挙区に在住している人でないと具合が悪い。何とか実施してもらおうとお願いするのであるが、「政治」というだけで拒否反応を示す人や、反対に積極的に話に乗ってきた人は政党や候補者の色がついていたりと、なかなかこの実施者を探すのは難儀した。

　しかしそれでも、何とか代表者を見つけ公開討論会を実施しようとするのだが、やはり候補者側から見ると、こちらはどこの馬の骨かもわからない。もしかしたら、相手候補者の回し者かもしれないし、迂闊に乗れる話ではない。また当時は候補者への参加依頼の仕方も稚拙で、門前払いをくらうこともしばしばであった。またせっかく候補者まで辿り着き、色よい感触を得たものの、後援会の反対に遭い、あえなく挫折ということも数えたらきりがない。しかしそんな中でも、まがりなりにも公開討論会が少しずつ始まっていった。

まだリンカーン・フォーラムが正式に発足する前に、京都の市長選や名古屋の市長選で学生が中心になって公開討論会が開かれた。また鎌倉市長選の公開討論会も実に興味深いものになった。鎌倉市長選は、慶応大学の学生が中心となって行われたのだが、予想をはるかに越えて定員五〇〇人の会場は人で溢れ、それこそ消防法に引っかかるのではないかと思われるほど人が通路を埋めたのである。そしてさらに会場に入れない人が何百人も出て大騒ぎになった。討論は現職と挑戦者の一騎打ちであったが、非常に密度の濃い討論会になった。

宮城県知事選

それから数々の公開討論会を手がけていったのだが、その中でも私の心の中で最も印象深く、また最も難渋し、そしてこれをきっかけとして公開討論会が全国区になっていったのが、一九九七年の宮城県知事選である。

現職の浅野史郎知事が二期目を目指していたが、当時の新進党の党首である小沢一郎氏が浅野氏に推薦を申し出たところ、浅野氏はあっさりこれを蹴っ飛ばしたのである。そうしたところ、小沢氏は踵を返すが早いか、自民党の三塚博氏と組み別の知事候補者を立てた。当時は自民党と新進党は国政の場では政権を巡って戦いをしていたが、宮城では連合軍を組んだのである。

そういういびつな状況の中で、公開討論会を企画したのだが、当然のことながら、自民・新進連合軍が担ぐ候補者の陣営が公開討論会への参加を簡単に承諾するわけがない。公開討論会の運営代表者である藤田和久氏のもとには、色々な圧力がかかった。本当に大変であったが、なんと投票日の五日前公開討論会の開催が決まったのである。そして三日間という異常な短期間の中で準備をし、開会にこぎつけた。

当日、会場は人で溢れ、また何百人もが会場に入れない騒ぎとなった。この討論会の模様は全国紙で取り上げられ、各地から公開討論会を開きたいという申し出が出始めたのである。私はこの宮城の県知事選までが一段目ロケットであったと思う。

そしてこのロケットが二段目に入るのが一九九八年の参議院選挙である。この時までにはかなり公開討論会をやっていたので、いっそのこと全国四七都道府県すべてで行うことを企画した。それまではかなり討論会を実施していたとはいってもまだまだ十数ヵ所である。全国規模というのには程遠い状態であった。それこそ、「友達の友達はみな友達だ」という考えで討論会の代表者を探した。その結果四七都道府県のうち愛媛県を除く四六の都道府県で代表者が確定した。愛媛県を除くというのは私達が愛媛県を毛嫌いしたわけではなく、私達の人脈の中ではどんなに頑張ってみても、実施する人がみつからなかったからである。

この時は国政で初めて全国規模で公開討論会が実施されるということで、マスコミの取り上げ方は半端ではなかった。しかし、実行委員がきまったとはいえ、その後の候補者との交渉もどうなるかである。私達は、選挙の前一ヵ月間はまさに不眠不休で取り組んだ。各地から届くSOSを瞬時に判断しそれへの的確な答えを出さなければならない。リンカーン・フォーラムの事務局はまさにてんてこ舞いであった。スタッフは何もこのリンカーン・フォーラムで飯を食っているわけではない。仕事を持ちながらの取り組みであったが、やはり念ずれば花開くで開催の実現する見込みも次第に出てきた。四七のうち果たしていくつできるかと思っていたが、結局ちょうど半分の二三ヵ所で実現した。

白川村の村長選の熱気

次にこの公開討論会が三段目のロケットを噴射させたのは、一九九九年の統一地方選挙である。この時は東京都知事選挙を始めなんと全国八六ヵ所で公開討論会が実現した。

もちろん東京都知事選挙のようなメガロポリスでの成功もすばらしかったが、この統一地方選挙において特筆すべきは、同時に各地の町長選や市議選または村長選といった、小さな選挙選でも公開討論会が実現したことである。

私自身もいくつかの選挙でコーディネーターを務めたが、なかでも印象が深かったのが、岐阜県白川村の村長選である。ここは世界遺産の合掌造りの村として知られているが、村の有権者は一五〇〇人足らずである。その村で現職と教育長との一騎打ちが行われるという。街の商工会青年部の人達が公開討論会を企画したのだが、私は「果たしてこんな村の公開討論会にどれだけの人がくるのか」と非常に心配した。また失礼な話であるが、候補者の方はきちっと自分の意見をおっしゃるだろうかとも思った。

私は当日富山から入ったのだが、小雨模様の中、心は落ち着かなかった。会場に着くと青年部の方たちが熱心に準備をしていて、いささかほっとした。開会三〇分前から村の人たちが続々と詰めかけ、そして開始時間の七時には、会場は三〇〇人もの聴衆で埋まったのである。

そして討論会が始まったのだが、私が驚いたのは、お二人の話が実にすばらしく、どちらも甲乙付け難いほど自分の政策を堂々と述べておられたことだ。よく「公開討論会は都会では成立するかも知れませんが、田舎では難しいのではありませんか」という質問を受ける。なんとなくイメージとしてはそうなのだろうが、経験的に言えば、それは全く違う。私の感覚では田舎の方が熱心なくらいである。

この選挙結果を私はテレビで知ったのであるが、何と投票率は九六・九パーセント、そして票数は七〇六票対七〇四票という際どさであった。この選挙結果にはもしかしたら、公開討論会も何らかの影響を与えていたのかもしれない。

突然の解散・総選挙に備えて

この統一地方選挙によって、全国で、かなり網の目のように公開討論会は広がったのであるが、いよいよ公開討論会が第四段ロケットに点火したのが、二〇〇〇年六月の衆議院選挙である。ただ衆議院選挙には、他の市長選や知事選、あるいは参議院選挙と違って、いつ解散になるかわからないという難しさがある。解散というのは要するに首相が「解散！」と言えば解散になるので、全く予想不可能であった。

二〇〇〇年の年頭から全国の代表者から「選挙はいつあるのですか」という質問が事務局に飛び込んできたが、私達もわからない。二〇〇〇年の一〇月が任期満了であるから、それまでのどこで解散になるかは全く見当がつかなかった。三月という説もあれば四月という説、また沖縄サミット前の五月か六月、いやサミット後の八月だ九月だ、いや任期満了だとこれでは対策の立てようはなかった。もし突然解散ということになれば、各地の代表者達の準備が間に合わない。もしかしたら、一つもできないということにもなりかねない。

そこで、本部でも意を決し、仮に選挙が九月か一〇月までずれこんだとしても公開討論会を五、六月のうちにやってしまおうと決意した。確かに、選挙が九月なのに立候補予定者を五月に集めて討論会を開くというのも、あまりに間の抜けた話ではあるが、それでもしないよりましだと思ったのである。そして四月一日全国の代表者一八〇人程が都内の区民センターに集まった際、五月と六月に集中して公開討論会を実施しようと申し上げた。

驚くべきことにこの日小渕恵三総理が倒れた。そして問題の森喜朗内閣誕生から政界は混乱し、六月に総選挙が行われることになってしまった。私達は、この混乱の中でも慌てることなく準備を進めることができた。

メーリングリストの威力

私はこの時三〇〇選挙区すべてで実施することを目標に掲げた。これは三〇〇選挙区すべてで実施することを念頭において活動をすれば、おそらく二〇〇ヵ所で実行委員会が立ち上がり、そして実際には一〇〇ヵ所以上で実現するだろうという読みである。初めから一〇〇ヵ所での実現を目指すと、最後は三〇ぐらいになってしまうだろうという予測である。このころはもうすでに五年間の経験があったが、衆議院選挙での全国的な取り組みは初めてである。前回の衆議院選挙は一ヵ所だけ実施したのみであり、しかもそれは、現職抜きの開催であった。前回の参議院選挙でも非常に大変であったが、今回はさらに大変である。事務局がオーバーヒートするのではないかという懸念があった。

しかし、ここで救世主が現れる。それが、いま流行のITである。もし全国二〇〇ヵ所の実行委員から本部に質問の嵐が来たら、おそらく二〇人の常駐スタッフを雇わないと駄目であろう。そこで一計を案じ、代表者達は全員メーリングリストに登録してもらった。そして、パソコンを通じて自分達の問題点をこのメーリングリストに送ると、事務局から一両日中に答えを返すというシステムを作ったのである。こうすると事務局としても時間に拘束されず問題に対処することが可能となった。

しかも、一つ一つの質問に対して、本部だけでなく、お互いの実行委員同士の間での情報交換ですべての問題を解決していくシステムになっていった。そうすると、当然問題点というのは各地で共通のことが多く、誰かの問題の解決を他の二〇〇人の代表者も見ていることになり、問題は次々にクリアされた。まさに相乗効果が起こったのである。さらに、どこかの実行委員会でユニークな取り組みをしたり、また卓抜な成果が出た場合、その結果もメーリングリストの中に反映し、各地の討論会が磨かれていった。私達本部も、各地のユニークなアイデアや方法をメーリングリストで見て随分勉強になった。

もとより選挙は命がけの戦いである。候補者や陣営にとって一時たりとも無駄にはできない。またこの公開討論会がその候補者にとってマイナスに働いたら大変である。もうそのころは、公開討論会は一定の市民権を得てはいたが、実際には各地で暗礁に乗り上げていた。私達も知恵を振り絞り、何とか開催にこぎつけられないか考えた。そして選挙戦に入ってもなお公開討論会を企画していった。最終的に実現したのは一四九ヵ所であった。過半数までには残念ながら届かなかったが、当初私が予想したよりも、遥かに多くの選挙区で公開討論会が実現した。

投票率が上がる効果が

もはや今日この公開討論会は、特別なことではなくなりつつある。かつては私達が必死に実施者を探したものであるが、今では全国から公開討論会を開催したいという声が上がってくる。ロケットで言えば、もはや周回軌道に入ったと言えよう。

私はこの試みが非常に重要であると思うのは、これが全く、市民のボランティアの手でなされているということである。その中では法的な改正や行政の関わりは皆無である。法制度を変えたからといって、それで政治に信頼を取り戻すということは難しい。しかし市民の純粋な思いが結集すれば、本当に不可能が可能になるのである。

この公開討論会の試みは素朴に有権者が自分達のリーダーの考えや人柄を見てみたいという欲求から発している。私は、この公開討論会の意義はそれだけでも充分にあると思っているが、実際には様々な影響が出てきた。

まずその一つが投票率の上昇である。公開討論会を行うと、前回の選挙と比較して、大体五〜一〇パーセントくらい投票率が上がる。もちろん、稀に下がる場合もあるし、反対に三〇パーセント近く上昇する場合もある。しかし、大半の選挙区で投票率が上がるのである。これは会場に来た人が、公開討論会での自分が見た印象を他人にどんどん語るということと、マスコミでもこの公開討論会の模様を大きく取り上げることも一因ではないかと思っている。

そして、実際の選挙戦においては、やはり自分の理念や信念を持っている候補者が勝つという現象が現れてきている。人間は、自分のことはあまりよくわからなくとも、目の前にいる人が真剣に語っているか、いいかげんに語っているかはよくわかるものである。それが人々の心を動かすのだろう。しばしば各地の選挙戦において番狂わせも生じた（落選した陣営の中では「リンカーン・フォーラムによって落とされた」と、あらぬ恨みをもっている人もいると聞く)。

政治家は口がうまい必要はないが、少なくとも自分の意志を有権者に明確に伝える力がないといけない。腹芸とか阿吽《あうん》の呼吸とかいって、闇の中で物事を処理しようと思っている人はこれからの政治家としては失格である。この公開討論会には「口が達者な人に有利ではないか」という批判も時にあろうが、口が達者であろうがなかろうが、自分が述べたことを実現していけば、それは立派なものだし、それを実行しなければ、嘘つきということである。それに、有権者は口先だけの候補者というのは、かなり正確に見ぬくものである。

少なくとも有権者の中で公開討論会が広がりを見せているのは、自分達の街や国の未来に自分達が責任を負っていこうという意志の現れであるように思う。

今後の課題

公開討論会はすべてにおいてOKかと言うと、まだまだいろいろな問題がある。まず第一は、公開討論会は全国の市民の努力により選挙告示・公示前も後も開催が可能になった。しかしやはり、選挙告示・公示後に行われる公開討論会(この場合、正確には合同個人演説会になる)はいまだに法的な縛りがきつくて自由にはできない。もっと選挙告示・公示後も公

	公開討論会	合同個人演説会
開催日	告示（公示）前	告示（公示）後
主催者	第三者（一般の市民）	候補者が合同で
費用負担	第三者（一般の市民）	候補者が頭割りで分担
会場費用	特に恩恵なし	公営施設は、候補者割り当ての無料会場が利用可能
候補者の呼称	立候補表明者	立候補者
発言上の制限	事前運動にあたる発言は公職選挙法違反となる	制限なし
有権者の関心	あまり関心が高くない	一般的に関心が高い
運営上の制限	制限なし	公職選挙法に規制される
会場予約	自由	正式には、告示（公示）後でないと予約できない
会場の看板	自由	合同個人演説会の看板は掲示不可能
広報	自由	告示（公示）後、候補者陣営が広報するか、新聞による報道のみ可能

公開討論会と合同個人演説会の違い

開討論会が自由にできないものかと思う。

次に今の公開討論会のシステムにおいてはなかなか本来の意味の討論を行うことは難しい。どうしても一問一答形式になる。これは今のところどうしようもないのだが、やがてはもっと本格的な討論ができるようにしたいと思う（ただ今の方法でも、かなりの程度その候補者の力量はわかるが）。

そして、もう一つ選挙の構造的な問題として、地方の首長選挙において、全党相乗り候補者対共産党候補者という図式がしばしば見られる。この場合実は、選挙を始める前からその選挙結果が見えてしまっていることが多い。この時はまず相乗り候補者が公開討論会に出てくることはない。たとえ、候補者本人が公開討論会に興味を示し、出てみたいと思っても、まずその陣営や後援会がストップをかける。今日まで公開討論会が実現しないケースのかなりの部分がこれである。選挙というのはきちっとした選択肢を示すと同時に、その選挙でどちらが勝つかわからない状態の時に初めて関心が高まるものである。それこそ、結果が決まっているレースには有権者も白けてしまうだろう。

最後に、公開討論会は市長や知事と言った一人のリーダーを選ぶ選挙には非常に有効に機能するが、何十人も当選するような市町村議会議員選挙においては、実際に会場に足を運ぶ人も少なく、また議員が「私が○○をします」といっても、あまりぴんとこない。そういう意味で公開討論会をする場合、議会選挙にはもう一工夫がいるように思われる。それとも、これは構造的にどうしようもない問題なのかどうか、私は今でもわからない。

主催者の条件

もしもあなたが市長選の公開討論会を聞こうと思った場合、数百人の市民を集めて公開討論会を実施する力があなたにはあるか？　その答えは次の四つの質問に対して、イエスと答えていただくことができたらその力と資格があると言える。

1. あなたがその選挙が行われる選挙区に住んでいること——これは自分の住民票がある

か、主たる現住所がそこか、また主たる仕事場がそこかということである。
2．あなたが政治的に中立であること――中立というのは、その選挙において特定の候補者を表立って応援していないということである。また普段、特定の政治活動(単なる市民活動は可)をしていないということである。
3．約一ヵ月間、時間的な余裕があるということ――これは大体公開討論会を実施するためには一ヵ月間くらい時間を見ていただきたいということである。今まで最短五日で実施したこともあったが、これは異常である。もちろん実施をする人は仕事をもっているから、毎日ベタでこの公開討論会の準備をするわけではない。しかし何日かはこれに費やすことになる。その意味である程度時間的な余裕が必要である。
4．人間的に嫌われていないこと――最後は実に抽象的かつ情緒的なことであるが、この公開討論会をする場合にあなたが、特段今の生活の中でリーダーシップをとっている必要はないが、人から嫌われているとまず成功しない。ただ、これは自分ではなかなか自覚できないので、まずやってみればよい。
この四つの設問に対し、基本的にイエスであれば、あなたがビジネスマンであれ、学生であれ、主婦であれ、市民運動をしている人であれ、老人クラブのメンバーであれ、街のダンススクールのメンバーであれ、誰でもできるのである。これは今までの経験の中で本当にそうなのである。要は自分でやると決意することである。

公開討論会開催の手順

具体的な方法については拙著『立候補者をみきわめる公開討論会の開き方』(毎日新聞社)に詳しい。この本は公開討論会の開き方について徹底的に書いているので、まずこの本をお読みいただくことが最短の道である。しかし本を買うお金がもったいないという人もまったく心配いらない。私達リンカーン・フォーラムのホームページ(http://www.touronkai.com/)にアクセスしていただければ、公開討論会の全体像はわかる。そして先ほどのメーリングリストに入れば、いくらでもサポートできる。もちろん無料である。どうか、もし、あなたの街で公開討論会をやろうと思ったら是非勇気を持ってやってほしい。あなたの街にとってもまたあなたの人生にとっても得がたい体験ができると確信している。

さてここで私達が普及のために配っている簡単な公開討論会実施マニュアルを掲載しておきたい。もちろんこれだけでは不充分ではあるが、一応のポイントを押さえているので、このマニュアルだけでも勘所をつかむことが出来ると思う。

1. 対象となる選挙

あらゆる選挙が対象となる。しかし、地方議会議員選挙の場合、候補者が多数に上るため、企画運営が難しくなる傾向があるようだ。知事選挙、市町村長選挙、衆議院選挙と参議院選挙といった、一つの選挙区で一人を選ぶ選挙の方が着手しやすいといえる。

2. 実施母体

大きく分けて、既存の団体が実施する場合と、新たに実行委員会を組織して実施する場合がある。難しく考える必要はない。たった一人の学生からでも、主婦の呼びかけでも、仲間ができれば実施できる。

注意しなければならないのは、代表者はもとより、すべてのメンバーがあくまでも中立ということに細心の注意を払うこと。あらたに実行委員会を作る場合は、「○○で公開討論会を実現する市民の会」などのように、第三者にとって、中立性と目的がはっきりしている名前をつける。

3. 企画内容

各立候補予定者（告示・公示後は立候補者）の短いスピーチの後、コーディネーターからの一問一答形式が一般的な方法。お互いに激しく議論し合う「ディベート」を期待する向きもあるとは思うが、ディベート文化の育っていない我が国では、この方法だと運営が難しい。一問一答形式でも十二分に各立候補予定者の力量や政策の違いを判断する材料を与えることができる。

また、このような形式が無理な場合でも、従来から行われてきた立会演説会を、事前に質問を徹底することなどで、工夫することにより、一方通行でない形をとるように努力する。

コーディネーターは、公平に運営することができる方なら誰でもできる。専門家を呼んでこなくてはならないなどと考える必要はない。普通の市民でも、学生でも、きちんと冷静に対応できる方なら十分資格がある。

4．各立候補予定者へのアプローチ

立候補予定者が参加してくれなくては、公開討論会は成り立たない。中立の立場からの提案であることを、立候補予定者だけでなく、各陣営にも詳細に説明して、「特定の立候補予定者を支援するのではないか」という警戒感を取り除きたい。

また、特に現職の候補者には、自らの力量と実績を示す絶好の機会であることを繰り返し訴えて協力を仰ぐ。マスコミなどが後援していることが分かると参加しやすくなるので、マスコミと協力して対応するように努めたい。

5．費用

ボランティアが主体となって行えば、会場費とチラシ代金が費用の大半。コーディネーターに著名人を呼ぶと費用はかさむ。そうでなければ、五万～一〇万円程度で済むだろう。

準備資金については、小額の参加費用を会費として徴収する方法、会場でカンパを募る方法、協賛を募る方法、公開討論会に関するブックレットを販売して資金を調達する方法などが考えられる。中立であることが疑われない範囲内で工夫してほしい。

6．会場の確保

公民館など費用が安い公的な会場が望ましいことはいうまでもない。中立性の証明にもなる。選挙管理委員会や協力してくれるマスコミなどにも恐れずにアタックして、会場を探す相談をしたい。

7．動員方法

あくまでも、一般の参加者を募り、各立候補者による動員は当てにしないのが基本である。各新聞、ミニコミへの掲載の他、近隣へのビラ撒きや街頭での宣伝活動も大切。また、各立候補予定者にある程度の整理券を渡すという方法もありうる。会場にもよるが、二〇〇人以上集まれば十二分に盛り上がり、成功間違いない。

8．準備期間

「備えあれば憂いなし」はここでも当てはまる。できれば一ヵ月程度の準備期間が必要。

衆議院選挙の場合は、いつ解散があるか分らないので、平素からシミュレーションをしておいてほしい。実施母体の設置、立候補予定者への参加要請、会場の確保、宣伝、資金集め、当日の運営計画などなど準備することはたくさんある。スケジュール表を作り、ひとつずつこなしていきたい。

9・マスコミ対策

市民が主体になって行う公開討論会にとって、マスコミは強い味方。各立候補予定者が、一目おくようになる上、催しの宣伝も容易になる。早い段階から協力を仰ぐことが大切。企画書ができたらすぐにアタックする。マスコミに知り合いがいなくても、勇気を出して、都道府県や市役所の記者クラブに出向き、記者クラブの幹事に趣旨を説明して理解と協力を求める。

10・当日の運営

各自の役割分担を明確にして、表に書き出すことが必要。一例として、人員配置を挙げると、以下の役割分担等が考えられる。A・ホール各入り口　B・会場内警備　C・舞台袖　D・会場外入り口　E・受付　F・手荷物確認　G・場外整備　H・接待　I・アンケート回収（配置人数は会の規模により異なる）。

11・討論の進め方

コーディネーターが、冷静さを失わず公平に運営することが最も大切である。一回の発言時間の長さを公平にすることは、基本中の基本。ヤジが飛ぶことのないように、注意を払うことも当然。会場からの質問も受け付ける。一方通行でなくなり、参加意識が出てくる。

12・フォローアップ

多くの有権者に討論の内容を伝えることが大切。できれば、ケーブルテレビ、インターネットなどを通じてダイレクトに討論の模様を伝えたいが、それが無理でもマスコミに結果を紹介してもらうようにしたい。また、当日の討論を薄い冊子にして記録するとよい。

13・日常活動

公開討論会を一回だけの催しに終わらせることなく、継続して実施できるようにしたい。他の同様な活動を行っているグループと意見交換をするのも刺激になる。

また、この公開討論会は、選挙の時だけでなく、国レベル、地方レベルを問わず、重要案件が発生してきた時には、随時開催されることが望ましいと言える。

社会を変える勇気を

このマニュアルは本当に骨のようなものなので、これだけでは「私にできるかしらん?」

と疑問に思われるかもしれない。しかし、志をもって行えば必ずできるのである。なぜなら私達が全力でサポートし、すでに大きな実績があるからである。どうか勇気を出して取り組んでいただきたいと思う。

私自身は、この公開討論会を五年間育ててきて、もうそろそろ独り立ちする時になっていると思っている。昨年(二〇〇〇年)の一〇月から私はリンカーン・フォーラムの代表を降りこれを独立したNGOに組織しなおし、今は顧問となっている。もちろんこれからも全力で公開討論会を支えていくつもりであるが、今度はいよいよ日本の首相を国民の手で選ぶ首相公選制に一市民として取り組んで行きたいと思う(「首相公選の会」http://www.shushokosen.org)。

日本は今非常な危機にあるが、必ず二一世紀にすばらしい発展を遂げると信じているし、またそれを現実のものとするのが今を生きる私達国民の使命であると思う。社会を変える一歩を踏み出す勇気を、読者の方々が持ってくだされば幸いである。

●第5章●

インターネットと勝手連

長野県知事選の舞台裏

高橋茂

1960年、長野県上田生まれ。電子機器メーカーの製品開発に携わりながら、2000年より「厳選安曇野情報」「がんばれ長野県！」などのサイトを主宰。現在、「RABタイムリー」を中心に、ネット上の複数のプロジェクト立ち上げに参画している。

住民不在の松本糸魚川連絡道路

長野県中西部から北にかけて広がる安曇野。

一〇年もかけて旅をしてきた北アルプスの雪解け水は、小川となって特産品である山葵《わさび》を育む。田植えの時期、田んぼに張られた水は水鏡となってアルプスを映し出し、安曇野の風物詩にもなっている。日本人の心の故郷とも言われ、豊かな自然にあこがれてアトリエを構える作家や、終《つい》の棲家《すみか》として家を建て移り住む人も多い。

そんな安曇野に高速道路を通そうという計画が持ち上がった。住民にほとんど説明のないまま進められていた計画は、穂高町に住む高木英泰氏が偶然知ることになり、その後枯れた芝生に火が燃えうつったかのように住民の間に広まっていった。二〇〇〇年の春のことである。

その年の初夏、住民の不安と不満を無視できなくなった県は、大町市、松川村、穂高町と堀金村の四ヵ所のみで、形だけの説明会を行ったが、六月一日に穂高町で行われた県による説明会は怒号や野次が飛び交い大荒れとなった。私が到着した時にはすでに説明が始まっていたが、説明と言っても以前各戸に配布されたパンフレットの棒読みだった。

松本糸魚川連絡道路とは、長野県松本市から新潟県糸魚川市までを結ぶ全長一〇〇キロメートルにおよぶ「地域高規格道路」のことを言う。この「地域高規格道路」は、想定速度やインターチェンジの間隔など高速道路と条件が異なるために「高速道路」とは別の呼び方をしているわけだが、「片側二車線以上の自動車専用道路で想定速度が毎時八〇キロメートル」と聞いて、「これは高速道路ではない」と言える人はどれだけいるだろう？

その日の説明会は、結局ほとんどの疑問に対する回答が提示されず、質問も途中で打ち切られたため、多くの住民が県の担当者に詰めより、大混乱となった。この時の混乱について、のちに県の土木部は田中康夫県知事に対し、住民の「組織的行動」であると報告したが、そのような事実は一切無く、むしろ大町市での賛成派による動員を「組織的行動」として報告すべきであり、土木部幹部は虚偽の報告をしたことになる。

私がこの問題に関わり始めたのは、穂高町の説明会の四ヵ月前（二〇〇〇年二月）になる。それまでたまにEメールのやりとりをしていたCG作家の北山敏・早苗夫妻と、同じくEメール友達の小林純子さんから、Eメールで「安曇野に高速道路ができるらしい」と連絡を受けたのがきっかけになった。みな穂高町在住である。他人《ひと》ごとではない。

さっそく有志が集まり、情報収集を始めたところ、とんでもない事実が次々と発覚した。

●当初は長野道から大町市を経由していくルートが計画されていたが、突然変更された。なぜ変更されたか、資料は残されていない。

●わずか一五キロメートルしか離れていない二つの国営アルプスあづみの公園を結ぶ部分だけ先行して進めている。
●救急医療を大きな目的に挙げているにもかかわらず、わざわざ遠回りをするルートに変更された。

このように数多くの不可思議な点があるにもかかわらず、道路計画の概要すら住民に説明されていなかった。肝心の部分の資料が出てこないところなどは、全国的に話題になった長野オリンピック帳簿焼失事件を思い起こさせた。地元のある県議などは、安曇野の景観を損なう点について「地下を通せば良い」と言っていたが、地下水脈が分断されれば、山葵の栽培にも大きな影響が出てしまう。「上がダメなら下で」というような短絡的な話を聞いて、誰が納得するだろうか。

その他、道路やインターチェンジの照明による光害、騒音などの環境に関する疑問や、財源や将来の税金に関わる問題など、今にいたるまで何一つ検討結果が示されていない。すべて「初めに建設ありき」の発想で進められていた。

私は、七月一八日に行われた「町政懇談会」という、町長と各課長が町内各地区の公民館で住民からの行政への意見や質問に答える会合に参加し、この道路事業のメリット、デメリットや疑問点をまとめて、紙に印刷して提出したが、全く相手にされなかった。

町長の話は「道路行政は広くアジア経済から考えていかなければならない」「道路は必要なんです。造る造らないといった議論はしない」というものだった。さらに残念なことに、その日集まった一〇名程度の住民の一部からも、私の行動に対し否定的な発言が出された。私は、別に喧嘩を売りに行ったわけではなく、自分の疑問に答えてもらいたかっただけだ。公共事業に問題を投げかけるということは、不文律を犯すことだったのだ。

これらの経験を通じて、私の気持ちの中には、行政に対する不信感と、思ったことも自由に言えない空気に対する嫌悪感が強く形成されていった。しかし、私は技術職の会社員であり、平日の昼間は何もできなかったので、必然的に夜でもできるインターネットでの活動が主体となっていった。

「夜でもできる」と言っても、その頃は安曇野の風景に高速道路の写真を合成して自分のホームページで公開したり(次ページ)、関連掲示板に書き込みを行ったりすることしかできなかった。それでも、合成写真はかなりインパクトがあったらしく、何人かの方から「写真を見てショックだった。こんな道路は造ってはならない」といったEメールをいただいた。インターネットとフォトレタッチソフトがあればこそのアプローチだったといえる。

「安曇野に高速道路ができたらどうなるか」と考え、写真を合成して自分のホームページで公開した。

厳選安曇野情報

道路の件を知った三ヵ月後の六月に、まず「厳選安曇野情報」(http://www.azuminet.com/)というサイトを立ち上げた。これは、信州安曇野に限定した情報を発信するホームページだが、この時考えたことや用意したインターネット・インフラのいくつかが、後の選挙戦で活用されることになる。

このサイトの目的は二つあった。ひとつは地域限定のバーチャル・コミュニティの創設だ。数年後のインターネットの普及率を考えて、地域住民が情報交換できる〝場〟を作ろうと思ったのである。通常のネット・オークションではあまり大きなものや搬送に不便なものは適さないが、地域で閉じていると、ローカル誌の「売ります・買います」コーナーのように、大きなものや生き物でも授受が可能になる。また、小中学生の情報交換の場も作ってみたかった。小中学生というのは、結構閉じた世界の中で生活している。同じ学校でも隣のクラスは別世界であり、ましてや隣の学校なんて大げさに言えば別の国のようなものだ。このような状況の中で、せめて同地区内での子供たちのネットワークができれば、もっと広い立場から子供同士がいじめなどの問題を考えていかれるのではないか、と思ったのである。

もうひとつの目的は、安曇野の良質な情報を提供することだった。ただし、自分が安曇野を取材して頻繁に更新を続けるのは、どう考えても無理である。昼の時間が自由に使えない身としては、どんなに頑張っても限界があった。そこで、他のサイトで、推薦できるものをリンクすることにした。掲示板も「共有」という形を考えた。同じようなテーマを持つサイト同士で掲示板を〝共有〟することによって、安曇野に関する問い合わせや情報発信などの窓口を統一し、精度を高めようというものだ。この掲示板はメーリングリスト機能も持っていて、いちいち見に行かなくても新規の投稿があればメールで送られてくるので便利である。

言ってみれば「他人の褌で相撲をとった」わけだが、リンクする時は必ず制作者に連絡をとっていたので、その中の数人とは何回か連絡を取り合ったり、会って話をしたりという機会が生まれ、思わぬ人脈が築けた。

知事選の始まり

松本糸魚川連絡道路の件がきっかけとなって、県の公共事業の進め方に対する不信感が自分の中で大きくなっていった。道路の件で地元新聞記者の取材を受け、一〇月の長野県知事選は公共事業がポイントになるということを聞いたが、選択肢のない状態ではどうすることもできないと思っていた。

八月のある朝に一本の電話が入った。CG作家の北山氏から「知事選への出馬が噂されている田中康夫氏が今日松本に来るそうだから、見に行ってみません？」という内容だった。あまり興味もなかったが、偶然その日の用事が昼ごろ終わったので、「面白そうだから行ってみよう」というぐらいの気持ちで行ってみた。すでに田中氏と長野県中信（信州中部）地区の市民（市民運動の関係者が中心だったようだ）との懇談会は始まっていた。

結局、その場では田中氏は出馬を表明しなかったが、その場に集まった人たちの中では「田中さんを応援することが長野県を良くする第一歩だ」という認識で一致し、松本と安曇野に勝手連を立ち上げるという方向で動き始めた。しかし、この時も正直言ってまだ〝他人ごと〟という印象が強かった。勝手連と言われても「勝手連て何？」という程度だった。

この状態を打ち破ったのが、田中氏本人からのEメールだった。懇談会を主催した吉澤敬太郎氏に「スタッフ用メーリングリストを作りましょうか?」とEメールを出したのだが、吉澤氏からの返事に田中氏のアドレスが入っていた。その後、安曇野での動きを田中氏を始めとするスタッフに送ったところ、なんと本人からEメールが届いたのである。

内容は、「安曇野の動きを嬉しく拝見しました。いっしょにがんばりましょう」といった簡潔なものだったが、本人からのEメールということで、驚くと同時に感激した。

田中氏の要望もあって、すぐに支援者間の情報をやりとりするためのメーリングリストを立ち上げた。実は、このメーリングリストは、「厳選安曇野情報」を立ち上げるときに契約したサーバーに付随するサービスを利用したものだった。それまで使うことがなかったので、「試しに使ってみようか」ぐらいの気持ちで始めたのである。

通常、レンタルサーバーやプロバイダーの契約をすると、掲示板やホームページサービスなどいろいろなオマケが付いてくる。目的さえハッキリしていれば、いろいろな使い方ができるのである。CGIが使えれば、個人レベルで仮想投票も可能だ。チャットによる戦略会議や審議会もできる。

この後、メーリングリストは勝手連や支援者同士の重要な連絡網となった。

正直言って、私は田中氏に関しては、あまり良い印象を持っていなかった。著作物を読んだことがなかったこともあり、テレビ番組での強気の発言や女性観に、やや傲慢で自分本位な印象を受けていた。

しかし、九月三日に開かれた小布施町の集会に行ってみて、それまでの印象が一変した。自分のボランティアでの経験や考え方を淡々と話す姿と、その経験に裏打ちされた理念に接し、胃の上あたりがカーっと熱くなるのを感じた。政治家としての田中康夫を見た瞬間だった。その日は長野のスタッフの皆さんに簡単に挨拶して帰宅したが、帰りの車の中はこれから起きる変革への期待で顔が紅潮するほどだった。

私は自分に何ができるのか考えた。

主な活動時間は夜に限られるため、ポスター貼り、ビラ配り、電話といった勝手連の基本的な活動には参加できない。「安曇野応援団」という地元の勝手連にも関わったが、夜行われた作戦会議でアイデアを出したり、安曇野での集会を手伝った程度だった。

そんな状況の中で、自然とインターネット関連の仕事が増えていった。すでに立ち上がっていた公式ホームページについて、運営手法やレイアウトなどのアドバイスをしながら、スタッフ用メーリングリストを運営していた。メーリングリスト自体は、田中陣営の活動には重要な、中核となる連絡網だったが、私個人はほとんどインターネット上だけでの参加だったため、勝手連や田中陣営の事務所とはある程度距離を置く微妙な関係となった。

インターネット上での戦い

田中氏の公式ホームページは、須坂市でペンションを経営する矢野善久氏が立ち上げた。その時すでに、対立候補である池田典隆陣営と中野早苗陣営はいわゆる〝公式ホームページ〟を立ち上げていた。そのため、新聞では「ネット上での戦い」といった記事が掲載されたが、実態はお粗末なもので、候補者本人が関わっているのは田中氏のホームページのみだった。

池田陣営は専門業者に制作を依頼しており、中野氏は本人がEメールも使えなかったので推薦母体となる政党が作成していた。

田中氏はインターネットに関する戦略を非常に重要視していて、本人の意図もはっきりしていたが、それゆえに矢野氏との意思の疎通には苦労したようだった。私は、公式ページに関しては構成のアドバイスや音声データの作成程度の協力しかできなかった。これは、昼間に田中氏との連絡が取れないといった事情が大きかった上に、担当者の邪魔をしたくないといった気持ちもあったからだ。

ところが、公式ホームページでは大きなトラブルもあった。「掲示板」である。矢野氏は、自由に書き込める掲示板を開設することにより、田中氏への建設的な意見や応援を書き込んでもらうことを意図したが、実態はまったく異なり、たちまち誹謗中傷の書き込みで荒らされることになった。矢野氏は悩んだ末、自分の行動のために選挙にマイナスになっては申し訳ない、と判断して掲示板を閉じたが、田中氏は「一度出した情報を一方的に閉じてしまうのは自分のやり方に反する」として速やかに再開するよう指示した。一般的に、政治家本人が自分のホームページで自ら解説するぶんには、危険も少ないといえるが、選挙のような短期決戦において、自由に書き込める掲示板は非常に危険である。特に今回は田中氏のような個性的な人物が出てきたことによって、不安が現実になった。田中氏は、自分でも掲示板への書き込みに対応するつもりだったが、自らのメールアドレスを公開していたので一日三〇〇通以上メールが届いていた。すべてのメールに目を通し、睡眠時間が三時間以下しかとれない状態では、さらに公式のコメントを書くことは不可能だった。

対策は私に一任され、なんとかいい形で閉じられないか検討を始めた。

だが、自然に問題は解決された。日増しに、現在の長野県が持つ問題点を指摘する書き込み、対立候補の問題点の指摘や田中氏への応援メッセージの書き込みが増え始め、告示日前にはほとんど応援メッセージ一色で終わったからである。掲示板を見ている人たちの〝良識〟が徐々に表に出始め、大きな波となって全体を呑み込んだのだ。

デジタル・ボランティア

次に私が試みたのは、田中氏の提言する政策を理解して、自らの言葉でネット上で応援の書き込みをすることにより、ほかの有権者に田中氏の政策をより理解してもらうことだった。

市民の自発的な行動によって、組織的に候補者を応援するグループを「勝手連」と呼ぶのに対し、インターネットなどのデジタル・メディア上でのみ活動する組織を私は「デジタル・ボランティア」と名付けた。略称「デジボ」。公式ホームページで募集して集まったのは、私も含めて総勢六人、うち一人は選挙事務所に詰めていたため、仕事が忙しく、他のメンバーやホームページとは全く関わらなかったので、実質五人だった。これが多いか少ないかと聞かれれば少なかったと思うが、短期間でメールの上だけで仕事を進めていくには、「共通の価値観と目的が確認できる六人」というのは非常にやりやすかった。

この「デジボ」は、「がんばれ長野県!がんばれ田中康夫!」という非公式ホームページを運営する活動が主である。

「がんばれ長野県!がんばれ田中康夫!」のホームページでは、マスメディアで発表済みだった公約や経歴などのほかに、掲示板への書き込みやEメールで送られてきたコメントの掲載を行っていたが、関連リンク、用語集、関連記事の掲載など、なかなかユニークな内容で構成されていた。

関連リンクでは、趣旨に賛同して相互リンクを申し出てくれた個人サイトへのリンクのほか、知事選に関する話題を扱っている他サイトや掲示板、県内で問題になっている公共事業に関するサイトへのリンクを行った。

私が最初の器を作り、あとは各メンバーによる担当ページの更新と投稿の掲載などをタイムリーに行っていった。

デジボの活動としては、ほかのサイトの掲示板にも積極的に書き込みを行った。

私が、勝手連や選挙事務所とデジボとの距離を離していたのは、デジボが〝候補者〟の〝選挙活動〟のための組織であると捉えられるのは公職選挙法上問題があったのと、公式ホームページが別に存在しているので、はっきりと立場を分けたかったからだ。

ホームページ制作に携わったデジボのメンバーは、一度も全員が会うことなく作業が続けられた。本当は最初に全員が顔を合わせたほうが進めやすいのだが、とにかく時間がなかった。

ホームページ上では、意図的にメンバーのプロフィールを隠し続けた。これは、メンバー一六人のうち半分が女性であることと、対立候補関係者からの妨害を避けたかったことが大きな理由である。それほど、当時の田中支援者への妨害は卑劣だという噂があった。

公職選挙法

現在の公選法では、インターネットでの選挙活動は禁止されている。「候補者のホームページ」ならびに「政党のホームページ」は選挙運動ではなく政治活動のものであれば良いが、告示日以降に更新をしてはいけないことになっている。しかし今回の知事選では、対立候補の公式ホームページの内容が選挙応援の形のまま残され、トップページのコメントもアクセスごとに更新される形になっていた。対象となるホームページが「政治活動」なのか「選挙活動」なのかといった境は非常にあいまいで、公選法ではホームページをビラなどの配布物と同様に扱っているが、無理があるのは明白である。

たとえば、公選法に違反を犯しているホームページが海外のサーバーにある場合、自治省（現・総務省）の見解では、それも違反だとしている（新党さきがけからの質問に対する回答）のだが、はたしてそれらを発見して取り締まることが可能なのだろうか？

また、ホームページを紙の配布物と同様に捉えているため、音声での配信に関しては妥当な判断基準がなく、電話と同様と捉えられるためか、現在も多くの選挙において告示日以後も音声の配信が行われている。

今後、動画や携帯電話での選挙活動が行われるようになってきた場合、総務省はどのような見解を示すのか、基本的な理念ともいえる判断基準がないために、法の網をくぐった多くの手法が登場し、収拾がつかなくなる恐れがある。インターネットを利用したネガティブ・キャンペーンも可能であり、二〇〇〇年の米国大統領選でも例が見られた。掲示板に田中批判を書き込むのも、ある意味ネガティブ・キャンペーンと言えるのではないだろうか。総務省として検討委員会もしくは研究部会のような組織を設置し、新しいメディアでの選挙戦に対応できるような法や指針の整備を行うべきではないだろうか。

インターネットと勝手連

勝手連というのは、一九八三年に横路孝弘知事が誕生した時の北海道知事選において始まった呼び名と聞いた。長野県知事選においても、松本で前川政明氏が「松本勝手連」と名乗り始め、すぐに県内全域に広まっていった。主な活動はポスター貼り、ビラ配り、法定ハガキの宛名書き、電話、口コミと集会のプロデュースだ。最終的には一ヵ月強の間に県内に一〇〇近い勝手連が誕生したが、決して全てがインターネットでネットワーク化されているわけではなかった。

しかし、九月上旬にはまだ事務所も決まっていない状態で、毎日田中氏のミニ集会をプロデュースしていく必要があり、Eメールや携帯電話無しでは効率良く運営できなかったと思う。

そのころ池田陣営は県内一二〇の全市町村に後援会を立ち上げ、万全の態勢を敷いていたが、田中陣営はメインの事務所さえも決まっていなかったのである。

勝手連のメンバーも含めたスタッフ・メーリングリスト登録者は六〇名にのぼり、毎日一〇〜三〇通のメールがやりとりされた。

最初は、スケジュール管理でのトラブル報告や、各地の様子などの情報が投稿された。たとえば「南信(長野県は北信、東信、中信、南信と四つの地域に分けられる)は盛り上がりに欠けているようだ」とか「数ヵ所で集会を行う場合、どこかで時間が狂うと後に影響してしまうのでなんとかならないか?」など、問題点が、メーリングリストを通じてその日のうちに各勝手連に伝えられた。

後半は遊説に関する情報、ビラ配りや電話作戦の効果など、お互いを励ましあうような投稿も多くなった。ただし、当然のことながらインターネットというのは、電話やファックスと同様の単なる手段に過ぎず、活動の主体は遊説や集会とビラ配りや電話作戦などの従来の選挙手法だった。集会は田中氏の希望もあり数人〜数十人単位のものが多かったが、なかには数百人規模の集会も行われた。

安曇野では、九月二一日に豊科町で三五〇人の集会が行われたが、この時は「安曇野応援団」のメンバーで案内のチラシを三万枚配布した。九月八日に行われた松本市勤労者福祉センターでの集会は一〇〇人強集まったが(ちなみに、この時同じ建物内で中野氏の集会も開かれ、四〇〇人以上が動員されていた)、「松本勝手連」ではチラシを一万枚配布したということだったので、このころはチラシ一〇〇枚につき一人が来る勘定だったと言える。

ところが、集まる人たちの顔ぶれがすごかった。松本では夜七時からの集会にもかかわらず、子連れの主婦、遊び帰りの学生、会社帰りのビジネスマン、店を途中で閉めてきた店主といったような人たちが自分の意志で集まってきたのだ。そこには動員で集まった一〇〇〇人を超える熱気があった。地元の新聞記者も興奮気味に、「こんな集まりは今までみたことがない」と話していた。

面白かったのは、勝手連でもいろいろなタイプがあったことだ。特に「諏訪勝手連」は、中心メンバーの多くが医者ということで、医院を仮の選挙事務所にして戦った。「安曇野応援団」の作戦会議は楽しかった。北山氏の家に夜集まり、深夜(時には一二時過ぎまで)皆でワイワイ話し合うのである。それなりに真剣だったが学園祭のような雰囲気もあった。

他の勝手連の中には、メンバー同士の確執や、長野・松本事務所との関係がこじれたところもあったようだが、投票日の一〇月一五日を目標に、それぞれがとことん話し合い、折れるところは折れてがむしゃらに走っていたようにも思えた。

「怪文書図書館」

選挙戦も佳境に入ってくると、いわゆる「怪文書」がばら撒かれはじめた。全部、田中氏への誹謗中傷ビラである。対策を考えたが、選挙事務所の公式見解は、泥仕合を避けるため、明らかに事実無根のもの以外は無視するというものだった。しかし、やられっぱなしで、もし負けることがあれば、長野県の良識はなくなってしまうのではないか、という危惧感もあり、ゲリラ的に新たなサイト「怪文書図書館」(http://nagano2000.hoops.ne.jp/)を開設した。

怪文書をすべてインターネット上で公開してしまうことによって、その卑劣さを浮き彫りにしようという作戦である。デジボの方針とは異なるものだったので、サーバーやメールアドレスを新たに用意し、私が匿名で作成した。ホームページは無料で開設できるものを利用し、情報受け取り用にはMSNホットメールを使用した。つまり、実費はゼロである。タイトルのロゴも怪奇調にし、バックも黒を基調にするなど、いかにも「怪しい」雰囲気を出そうとした。

しかし内容に関しては、怪文書や特定候補者を批判するものではなく、淡々と「こんなのがありました」と掲載するようにした。全体の作りが「怪しい」感じに仕上がっていると、掲載されるものも「怪しさ」が漂うようになるものである。田中陣営から出された怪文書があったら同じように掲載するつもりだったが、もちろん、そんなものがないのは最初からわかっていた。

怪文書は、本当の意味での怪文書から、選挙事務所内での回覧文書、動員要請の通達や選挙公報まで多岐にわたった。選挙公報はもちろん怪文書ではないが、ある候補の選挙公報がひどい出来だったので、笑ってしまう意味で解説付きで掲載した。

怪文書図書館の発案者は、実は私ではなく、軽井沢在住のコラムニスト・勝谷誠彦氏である。田中氏とは長いつきあいで、告示日以前は彼の持つ雑誌連載のコーナーやインターネット上の日記サイトで強力に田中氏を支援していたが、長野事務所の野池元基氏から勝谷氏の話を聞き、私がEメールを送った。これがきっかけで、告示日の少し前あたりから、ほとんど毎日Eメールで連絡をとり合い、ネット戦略の打ち合わせをした(面白いことに、彼と私は昭和三五年生まれの同い年だ)。

余談になるが、私は選挙に関わる直前に、発売されたばかりのスキャナーを購入した。このスキャナーは選挙が終わるまでひたすら怪文書を読ませられたわけである。エンジニアの性《さが》か、なんとなくスキャナーが可哀想になり、選挙後しばらくは、意図的に綺麗な写真を読ませるようにしていた。

終盤戦に突入

最後の追い込みはすさまじかった。

メーリングリスト上には「明日の一〇時からビラ撒きをやります。手伝える人は来てください」とか、「電話作戦をやっています。反応は良好!」などのメールが行き交った。勝手連の中にはメンバーがたった一人というところもあり、ともすれば孤独な戦いになりがちな状況の中で、連日メーリングリストで交わされる情報は「みんな頑張っているんだ」という連帯感を生んだ。

さる週刊誌で「田中康夫優勢!」の記事が掲載されると、「ここで気持ちが緩んではいけない」といっそう皆の気持ちが引き締まった。集会や遊説はさらに熱気を帯び、全てが一〇月一五日に向けてなだれ込んでいった。

他陣営も危機感を強めていたようだったが、決定的な違いがあった。それは、田中陣営の勝手連やデジタル・ボランティアは、自由意志で行っていたということである。利害関係から、もしくは雇われて行っている活動と、誰からも強制されずに自分の意志で行っている活動とでは、ビラ一枚に込められる気持ちが一二八倍ぐらい違っていたことだろう。

動員で集められた一〇〇〇人よりも、自由に集まった一〇〇人の方が、その後の広がりは大きいのである。

田中氏は、最後の追い込みになるまで自分の友人の著名人を呼ばなかった。それは、この選挙が単なる人気投票ではなく、長野県民の真の民主化運動だということを明確にするためだったからだ。最後の数日間は数人の著名な友人が応援に来てくれたが、その時点で情勢はほぼ決まっており、田中康夫と長野県民の背中を、「さぁ、行って来い」とポンと押す役目だったと感じている。

勝手連の皆が「長野県を変えられる」という希望のもとに突き進んでいった。私は、メーリングリストや掲示板への投稿を読んで、泣いた。

いよいよ投票日

二〇〇〇年一〇月一五日は、多くの長野県民にとって忘れられない日になるのではないだろうか。

私は妻と共に投票所へ行った後、一人で長野市の開票待ち会場に向かった。夜七時を二〇分ほど過ぎたころに到着すると、すでに会場は報道陣でごった返していた。この選挙期間中に知り合った記者の方たちや、スタッフの顔に少し緊張感が感じられる。しかし、誰も敗北の心配はしていないように思えた。

選挙期間を共に戦ってきた諏訪勝手連の三澤龍骨氏や、デジボの中核メンバー折井健氏とも初めて会った。共に戦いながら、ゴール地点で初めてお互いの顔を見ることができた。

午後八時三〇分、開票開始とほぼ同時に当確のテロップが流された。私は、選挙期間中何度も泣かされており、当選の瞬間は涙が止まらなくなるだろうと思っていたが、ほとんど涙は出てこなかった(妻へ電話した時には、さすがにジワっと来たが)。それは、「やっと終わった」という安堵感と、これからのことを考えた時、とても泣いてなんかいられない心境になったからだと思う。

当日、会場で公式ホームページ担当の矢野氏が、告示日以降「俺はこれをやるんだ」と言って、毎日長野事務所から法定ビラを抱えて長野駅前に行き、なくなるまで一生懸命ビラ配りをやっていたという話を聞き、胸が熱くなった。「できることをできる範囲でできる限り、自分で考え行動する」といったボランティアの基本精神のようなことを、まさに実践していたのだ。

「怪文書図書館」発案者の勝谷氏に初めて会ったのも、この日である。初対面なのに、すでに戦友だった。祝杯をあげるときに、力強く「これは革命なんだよ」と言っていた姿が印象に残っている。彼はデジボのことを「サイバー軍団」と呼んでいたが、自分としては結構気に入っている。

県民の意識が変わる

田中知事誕生以降の出来事は、マスコミ報道でご承知のことだと思う。初登庁日の名刺折り曲げ事件、初県議会、公共事業の見直し発言、脱ダム発言に代表される田中知事の数々の提案など……。

私が一番驚いたのは県民側の変化だ。選挙期間中には集会に一〇〇人集めるのにものすごく苦労したのに、今や抽選を行うような状況である。支持率も八割を越している。これは、田中氏自身の人気もさることながら、県民の行政に対する意識が変わってきたことの現れなのだと思う。

私が子供のころお世話になった家(上田市)の八三歳のおばあちゃんが、はっきりした口調で「私はね、浅川ダムはいらないと思うんだよ」と話した時は驚いた。今まで、上田市の人のうち、どれだけの人が「浅川ダム」の名前を知っていただろう(私も知らなかった)。

連日連夜全ローカル局で、田中知事の行動が報道されることによって、県民は必然的に今県内でどんな問題が起きているのか、関心を持つようになった。その結果、公共事業が今までどのようにして行われてきたのか、県の行政というのはどのように進められてきたのか、教育、福祉でどんな問題があるのか、多くの県民の目が向くようになったのだ。

これは凄いことだと思う。

現在のところ、田中知事を生んだ一番の副産物は、このような「県民の意識の変革を招いた」ことではないだろうか。私の母や妻のようなごく〝普通〟の主婦や、私の娘のような小学生まで、「田中さんってね」と話している。

勝手連のその後

私はスタッフ・メーリングリストの管理人をやっていた関係で、知事選後の勝手連の情報もいろいろ受けることが多い。立ち上がりは緩やかなものの、上田、松本、伊那と一度選挙運動に区切りをつけた勝手連のメンバーが、それぞれの立場で動き始めた。今度は、統括する選挙事務所のようなものはないので、それぞれが自分たちの考えで行動を始めている。まだ会報程度のところもあれば、勉強会を開いているようなところもある。

また、長野や諏訪のように、勝手連的な集まりではないが、それぞれの市民運動に帰っていった人たちも多い。

共通しているのは、今までありがちだった行政と市民との悲壮感漂う対決の図式が見られないということだ。もちろん、それぞれの立場の違いや利害関係がある以上、衝突することもあるだろう。しかし、今までは市民の声を聞こうとしない、もしくは形式的にしか聞かない行政に対する怒りがあったが、今は「聞いてもらえる」という安心感のもとに、やっと対等に「話し合い」ができるレベルに来たという感じがする。

これが、本来あるべき姿だと思うのだが、実際長野に限らず、全国的にほとんど見られなかった姿でもあると思う。

ネット上での動き

「がんばれ長野県!がんばれ田中康夫!」は、当初の予定通り県政と県民との橋渡し的な役割を目指す「がんばれ長野県!」(http://yasuo.jety.net/)というサイトに衣替えして継続している。ただし、メンバー全員が本来の仕事を持ちながらの作業のため、期限の決まっている選挙とは異なり、労力不足による弊害も出始めている。また、資料の発送など、実費がかかるケースも発生しているため、今後の運営内容を見直す必要がありそうだ。

公式ホームページは、管理人の矢野氏が田中県政をサポートする目的のものを始めている。上田勝手連や千曲川勝手連のホームページも継続中だ。その他、若者を中心に立ち上げた「誇りです信州」というメールマガジンなどが存在する。

県庁でもホームページをリニューアルし、より県民側に立った内容に変わってきた。このように、ネット上ではいろいろな動きが見られるが、まだまだ不完全な形で進められている。

この「不完全」というのはどちらも一方通行であるという点である。

私は、これからは「情報公開」から「情報流通」もしくは「情報循環」へ進んでいく必要があると考えているが、市民側と行政側が相互に情報を循環させてはじめて、結果の出るシステムが構築できるのではないだろうか。つまり、ある問題に対して、行政側と市民側がそれぞれ提言や情報を出しっぱなしにするのではなく、お互いの情報を処理して相手に返すことにより、より実現性の高い内容のものに変わっていくということである。

県外への波及

「がんばれ長野県!」には、県外からの声も多く寄せられている。田中知事の行動が全国的に報道されたからだが、行政の姿や公共事業の問題などは、やはり全国規模の問題なんだと実感できた。

ひとつ具体的な動きとして、千葉県松戸市に住む石山良明氏が、松戸市を日本一の情報公開の市にしようという目的で制作する予定のホームページ「松戸21」(http://www.matsudo21.

com/)がある。これは、二〇〇〇年暮れに「がんばれ長野県！」を経由して問い合わせがあり、私も数回の打ち合わせを含めて全面的に協力している。石山氏は六八歳だが、最新の技術とインフラを利用して行政に働きかけていこうとするパワーには、ただ恐れ入るばかりである。

また、全国で同じような意識を持って活動している方たちとも徐々に連絡が取れるようになってきた。数人の大学生から「研究課題として扱いたいので、質問に答えていただきたい」という問い合わせもあった。「若者は政治に関心がない」のではなく、「関心を持てない政治を大人が作り上げた」のだ。

最後に

始まりは一本のEメールだったわけだが、それがこのような形で発展するとは夢にも思わなかったわけで、意外な気持ちと共にインターネットの新しい可能性を存分に味わえた気がしている。深夜の活動ばかりで辛かったことも事実だが楽しかった。

しかし悔いが無いわけではない。限られた時間の中でやっていたので、気にしながら手をつけなかったこともある。もっと時間を自由に使えたら、携帯電話や映像も使いたかった。長野県に問題を山積させた市町村長や県会議員の資質もネット上で問うてみたかった。

今まで会社関係が主体だった人脈は、めまいがするくらいに広がった。

私は全く新しいウェブマガジン「RABタイムリー」(http://www.rab-timely.net/)の立ち上げ・運営に関与することになっているが、これなども選挙がきっかけで知り合ったジャーナリスト木佐芳男氏からの誘いによるものだ。たとえ個人であっても、強力な観察眼と取材力、そしてインターネットという自由なメディアがあれば、「〃本当の〃真実」を報道できるということをお見せできるはずだ。

「怪文書図書館」のところで登場したコラムニストの勝谷氏と、「良識の踏み絵」なるホームページも計画している(http://www.ryoshiki.net/)。これは、国政選挙における候補者がどのような行動をとり発言してきたかをデータベース化し、選挙時の参考にしてもらおうというものだ。もちろんデジボ・サイト「がんばれ長野県!」も、できる限り継続していきたい。

大きく動き出した長野県ではあるが、田中知事と共に鍵となるのは県民の意識だ。また大事なのは、県だけではなく、各市町村レベルでも大きく変わっていくことだ。ある意味、生活の場での改革の方が県の改革よりも困難かもしれない。

まだ郡部では、行政に意見する人を〃異端〃として見る風潮も残っている。今後は市町村長、県や市町村会議員の質も問題にする必要がある。その原動力となる県民の意識、特に〃良識〃と呼べる部分を目覚めさせ活性化させる手伝いができればと考えている。

●第6章●

NPOという新しい「公」

山岡義典

1941年、満州生まれ。東京大学建築学科卒。トヨタ財団などを経て、96年「日本NPOセンター」設立、全国のNPO活動を支援している。著書に『時代が動くとき』(ぎょうせい)など多数。

NPOとは

NPOという言葉がNPO法（特定非営利活動促進法）の論議と関連して広まったこともあって、NPO＝NPO法人（特定非営利活動法人）と思っている人も多い。あるいはそのもとの法案の名称が市民活動促進法であったためにNPO＝市民活動団体と考えている人もいる。時にはボランティア団体と思われていることもある。いずれも間違いというわけではないが、必ずしも正確とは言えない。NPO自体はもっと広い概念だ。まず、その意味を確認しておこう。

NPOはアメリカで生まれた言葉で、Nonprofit Organizationの略である。あるいは目的意識を明確にして Not-for-profit Organization とも言う。いずれにしても For-profit Organization（FPO）すなわち企業等の営利組織に対する概念で、「非営利組織」と訳すことができる。しかし同じ非営利の組織でも政府や自治体や公社・公団のようなものは含まないから、誤解のないように日本語で表現するには「民間非営利組織」と呼ぶのがよい。

しかし「営利でない」とか「営利を目的としない」だけでは、いったい何を意味するのかわからない。言葉の裏にある積極的な意味は何か。それは「社会的使命（Mission）の実現」ということだ。営利の追求よりも社会的使命の実現を優先する組織、それがNPOというわけである。

具体的には、高齢者や障害者の福祉、環境保全、まちづくり、社会教育、芸術文化、国際協力・交流、などなどの社会的な課題の解決に取り組む民間団体のことだ。これらを個別の活動分野ごとの概念としてではなく、総称した概念として「NPO」という言葉が登場したと言えるのである。

営利よりも社会的使命を重視するなら、法人格をもたない任意団体でもいい。民間としての自覚をもって活動していれば、社団法人、財団法人、社会福祉法人、学校法人なども含めてよい。統計的には医療法人まで含めることもある。広く解釈すれば、これらのすべてがNPOだ。そのようなNPOの中でも最もNPOらしいのが市民団体とか市民活動団体といわれるもの、と言ってよいであろう。

ここまで説明しても、ではそれが社会的にどう位置付けられ、どんな意味をもつのか、今なぜ注目を集めているのか、ということはなかなか理解しにくい。

そこで、冗談半分に「NPOというのはNew Public Organizationのことでね」と説明し始めたのは数年前だ。そうしたら多くの人が納得し、笑顔で頷いてくれた。New Public Organization＝新しい公共の組織。国際的に通用する言葉かどうかわからないが、確かに今の日本におけるNPOの意味あるいは心意気をよく示しているように見える。

明治以来、日本では公共と言えば政府のすることとされてきた。しかし今、新しい市民社会の到来を目前にして、市民による新しい公共の重要性が主張され始めてきた。すなわち、国家や自治体などの政府を「官による公＝従来の公」の担い手とすると、NPOは「民による公＝新しい公」の担い手と理解できるわけだ。こう考えて初めて、NPOの積極的な現代的意味が見えてくるのである。

「官による公」と「民による公」

以上のような観点から、二つの「公」の関係を改めて整理してみると、次頁の図のようになる。図では市民社会が「官による公」と「民による公」の二つによって構成されることを示しているが、前者は制度的に固い枠組みをもつことを表現し、後者は柔らかくて大小さまざまなものがひしめきあっている様子を表現している。

「官による公」とは、国家や自治体のことだ。国家は立法府、行政府、司法府から成る。三権が分立である。自治体には都道府県と市区町村があり、立法府と行政府から成る。国家にしろ自治体にしろ、立法府のメンバー（国会議員や地方議会議員）は選挙によって選ばれ、法律や条例を定めたり予算を決議することによって行政府をコントロールする。自治体では行政府の首長も選挙によって選ばれるので、直接的に行政府へ民意を反映させることも可能だ。国家や自治体の他、これらが設立し公金をもって運営される特殊法人や公益法人

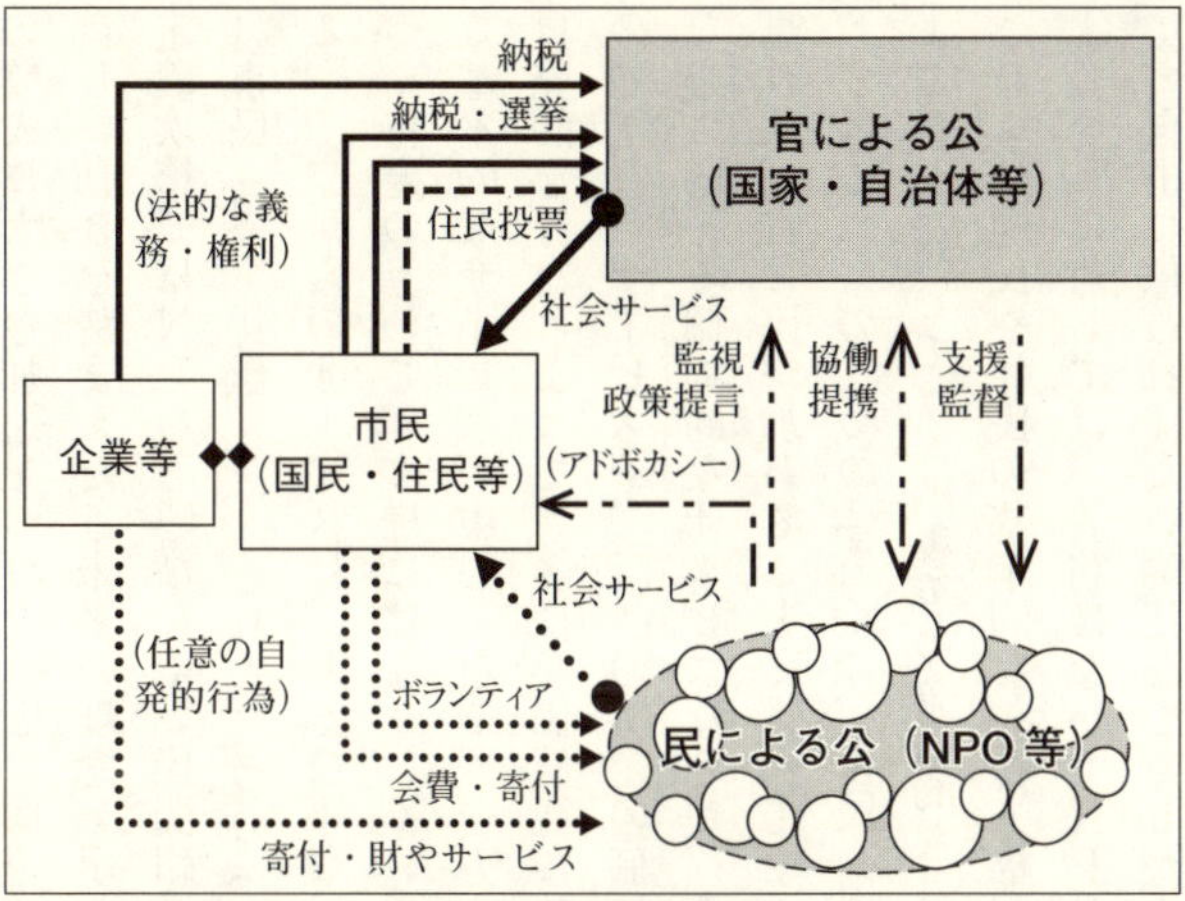

「官による公」と「民による公」の関係

も、ここでいう「官による公」の担い手と言ってよい。これらの「官」の構造は、この数年の行政改革によって大きく変わりつつある。二〇〇〇年四月に始まった地方分権の推進や二〇〇一年一月に行われた省庁再編、そして国立施設の独立行政法人化や特殊法人・公益法人の整理・改革である。司法改革も、その一部と言える。

一方、「民による公」の担い手は広くNPOと言われるもので、その数はそれぞれの市民の価値観によって設立されるから無数といってもよい。営利を目的としない民間の組織は、従来は「官」に従属するものとして対等の位置付けがなされていなかったが、ようやく今、日本でも対等の立場が認められるようになった。NPO法の成立が、そのような認識の醸成に大きな加速をつけたことは間違いない。この図は現状というよりも、そのような新しい動きを踏まえた近未来の理念を示している。なお、図で「NPO等」としたのは、定義次第ではNPOと呼びにくい民間組織もありうるからである。

市民（国民・住民等）は、これら二つの「公」から社会サービスの提供を受けることができる。「官」からのサービスは、遍《あまね》く公平に提供される。当然、その価値観は法律や条例に基づく特定のもので、多様にはなりにくい。その内容は、社会の維持や個人の生存を保障する基本的なサービスが中心となる。一方、「民」からのサービスは、さまざまなNPO等の自発的な行為によって、多様な価値観に基づいて提供される。「官」がまだ手をつけることのできないサービスや、「官」の特定の価値観には馴染みにくいサービス、個人個人の多様な心に応える個別的なサービスなどが、その対象となろう。受益者としての市民の側から見れば、官に民が加わることによってサービスの選択肢は一段と豊富になる。

ではこれらの二つの「公」に、市民（国民・住民等）はどのように係わるのか。まず「官による公」に対しては、納税等の金銭的な負担と選挙等の投票行為によって制度的に係わる。これらは国民や住民の基本的な義務・権利として法律や条例に定められる。しかし「民による公」に対しては、義務はない。NPO等への自発的な寄付やボランティア参加を通じて、自由に係わればよい。任意であるから係わらなくてもよいわけで、多くのフリー・ライダーが存在することになる。その係わりのありようは、その時代や社会の文化が決めると言ってよい。

これらの二つの「公」に対しては、企業等の営利組織もそれぞれの係わりをもつ。「官による公」に対しては、納税等の金銭的な負担を通じて係わるだけで選挙権はない。しかし自主的な政治献金を通じて選挙に影響を与えることもできる。それが良いことか問題のあることかは、議論のあるところだ。「民による公」に対しては、企業はいわゆる社会貢献(フィランソロピー)として係わることになる。寄付や協賛による資金提供、その他の財・サービスの提供、従業員に対するボランティア休暇・休職制度による役務の提供などである。もちろん、これらはいずれも任意であって強制されるものではない。

二つの公の相互作用

「官による公」と「民による公」は相互に関係をもち、影響を与え合う。多くの「無縁の関係」が存在することの重要性を認めた上で、その関係を考えてみよう。

「官」の「民」に対する関係としては、さまざまな許認可による制度的保障の付与と、それに対応した監督がある。代表的なものが法人制度で、非営利・公益法人の許認可や設立後の監督がある。その他にもいろいろな保障や規制の仕組みがあって、あるものは民の活動を促進し、あるものは抑止する。もちろん、「民」の不法行為に対しては司法（司直）が取り締まる。明治以来の日本の諸制度は特に民に対するコントロールに重点が置かれ、その自由な活動を育てるという発想からの制度づくりはなされてこなかった。後で詳しく考察するが、NPO法の成立は、その制度的な欠陥にささやかながら風穴をあける出来事であった。

次に「官」と「民」との協働・提携の関係がある。最近になって特に叫ばれているのが、官・民のパートナーシップだ。官が独自の責任で果たさなければならないこともあれば、民が独自で自主的にやるべきこともある。しかし両者のもつ特長を活かして協働すればもっと効果的に社会サービスを提供できる可能性もある。それがパートナーシップ＝協働・提携と言われるものだ。その内容はさまざまである。最も狭い意味では両者の対等の係わりによるイベントなどの共催や施設の共同運営のようなものがあげられる。もう少しパートナーシップの意味を広げると、官から民への各種の補助金や助成金による資金支援などの「支援」がある。これらは民の側に主体性があって、やるべき内容は基本的には民のサイドで決める。一方、今増えつつあるものが「委託」である。官から民への調査や事業の委託で、民の側の発想を生かして新しいことをやるなら協働・提携に含めてよい。委託の場合には、主体性は官の側にあり、責任も成果も官に帰属する。ともかく、さまざまな協働・提携の実験が、各地の自治体で試みられ始めているのが現状である。

今後ますます重要になるのが、「民」の「官」に対する関係だ。まず何よりも官の監視がある。市民オンブズマンの活動などがその典型例であるが、二〇〇一年四月からの情報公開法の施行は、このような活動をさらに活発にすることだろう。しかし監視だけでは「何をしてはいけないか」はわかるが、新しいことは生まれない。さらに重要なのが「何をすべきか」という政策提言である。民の視点から現在の社会的ニーズを把握し、何が今必要かを検討し、民の立場でやるべきことは自ら実施するとともに、官として責任をもってやる必要のあることに対しては、具体的な政策を立案してその実現を要請する。あるいは官が現在行っている政策に問題があれば、その問題点を指摘して対案を提示する。

政策提言から市民立法へ

このような政策提言は一般にアドボカシーと呼ばれる。しかし政策提言がアドボカシーと同義かどうかは疑問がある。アメリカでアドボカシーと言えば一般に立法府（議会）に対して行うものであるが、日本での政策提言は行政府に対して行うことが多いからである。日本の法律の多くは政府提案の閣法で、立法府の法律づくりは低調を極めていたからである。その傾向は、地方議会ではさらに著しい。政策提言は本来自主的に行われるものであるが、行政府からの委託調査によって行われることもしばしばある。この場合には、同じ政策提言でもアドボカシーと呼ぶのは適切でない。権利擁護を原意とするアドボカシーには、行政の判断を超えた「主張」が伴うはずだからである。

ともあれ、行政府の立法は縦割り政策をますます細分化し、政治の力を弱めてきた。これまでの日本の政策形成の大きな課題は、実にそこにある。そのような認識のもと、最近ではNPOの議会への働きかけが重視される。そして同時に市民へも働きかける必要がある。そのことによって世論の形成を促し、選挙や住民投票に反映させ、議会を動かすことができるからである。

政治参加におけるNPOの役割は、まさにこのような政策提言活動とその実現に向けての市民や議員への呼びかけを言う。市民的な発想を生かしてNPOが政策を提唱し、世論を形成して議会に働きかけ、議員立法で法律や条例をつくるのである。このような手法は、NPO法の成立過程で「市民立法」と呼ばれるようになった。

NPO法の成立過程

一九九八年三月一九日、衆議院は議員立法による特定非営利活動促進法すなわちNPO法を全会一致で成立させた。その発端から法案の修正の要望や実現まで、さまざまなNPOが深く係わってきた結果で、市民立法と言える最初の典型例だろう。社会の根幹にかかわる法律がこのような過程を経て誕生したことは日本の立法史上でも異例のことで、「市民立法」という言葉にリアリティを与えた意義は大きい。特にそれがNPOそのものの制度基盤の確立を目指す法律であったところに、その意義の大きさがある。筆者は当初からこの過程に深くコミットしていたので、ここでは筆者の視点から簡単にその概要を紹介しておこう。

NPO法とか市民立法というと阪神・淡路大震災以後のことと思われがちであるが、その軌道は、すでにその直前に敷かれていた。

主務官庁が縦割りで設立を許可しその後も監督するという従来の公益法人(社団法人や財団法人)制度のもとでは、「民」による自立した「公」の確立は困難である。このような議論が真剣になされるようになったのは、八〇年代の半ば頃であったろうか。

それがさらに新しい非営利法人制度創設の必要性として具体的に論じられ始めたのは、九〇年代に入ってからである。やがていくつかの研究会や団体から、そのような課題に対する具体的な提案が出されるが、私が総括委員長として九四年三月にまとめた『市民公益活動基盤整備に関する調査研究』(特殊法人である総合研究開発機構からNPOである社団法人奈良まちづくりセンターに委託して実施)もその一つで、報告書の出版とともにかなりの反響が寄せられた。

同じ年の一一月には「市民活動を支える制度をつくる会」(通称シーズ＝C's)が市民団体を会員として組織され、設立とともに早速モデル法案の検討など本格的な活動を始めた。同じ頃、各政党や民間の団体においても同様の活動が始まりかけていたが、それらとの情報交換なども行われるようになり、私自身はそのような動きを「市民立法」と呼び始めていた。

大震災とボランティア

阪神・淡路大震災は、そのような背景の中で発生した。九五年一月一七日のことである。多くのボランティアが全国からかけつけ、行動の立ち遅れがちな行政の動きに対して、いち早く救援活動を展開した。その動きは新聞やテレビで日本中に伝わり、いざというときに民間の自発的なボランティア活動がいかに重要であるかということを、誰もが納得した。

このような動きに対応して、政府は二月に一八省庁からなる「ボランティア問題に関する省庁連絡会議」(事務局：経済企画庁〈当時〉)を組織し、ボランティア支援立法の検討に入る。同時に各政党も、プロジェクトチームを組織して独自の法案の作成に着手した。

このような動きに対して、シーズをはじめとする市民団体が、それぞれに緊急の提言や要望書をまとめて政府や政党に提出し、また社会に向けて意見表明した。四月には、それらの団体が中心になって「市民活動制度連絡会」を組織し、東京・大阪をはじめ数都市で討論集会を開催するとともに、政府の一八省庁連絡会議や各政党のプロジェクトチームの集会などにも積極的に出席して、意見を表明した。

多くの市民団体は、政府のボランティア支援立法の動きには疑問をもっていた。それは無償のボランティア活動を振興する法人制度をどう創るかというものであり、自発的に社会活動を行う市民団体をどう育て強めるかという考えから、少し離れていたように見えたからである。しかも一八もの省庁間で調整するとなると妥協の積み重ねにならざるを得ず、思いきった立法は無理ではないかという懸念もあった。

そのような観点から、市民団体の側は各政党の立法活動に働きかけ、議員立法に期待した。法案の呼び名も「ボランティア支援立法」は避けたため、次第に「NPO法」という言い方が定着した。NPOという言葉が九五年の中頃から新聞に頻繁に登場するようになったのは、このような背景によるものである。一〇月末には、政府の連絡会議による中間案がまとまるが、公表直前に連立与党が議員立法で進めることを宣言、以後、政府の立法活動は中断することになる。

こうして九五年一一月には新進党が、かなり遅れて翌九六年一二月には連立与党が、そして九七年三月には共産党がそれぞれのNPO法案を提出した。民主党は独自の法案は出さず、連立与党の「市民活動促進法案」に修正を迫る立場を選択した。市民団体の側も、与党案への七項目の修正を要求する形で運動を進めた。

このような中で九七年六月に市民活動促進法案が衆議院を通過、参議院に回付されるが難航する。ここで経済界が大きな役割を果たす。経団連はそれまでも社会貢献の立場から市民団体とともにNPO法の立法活動に係わってきたが、この時期には特に積極的にその立法の重要性を自民党の指導層に説得して回った。こうして、名称を市民活動促進法から特定非営利活動促進法に変えることで自民党が了解し、九八年の年明けからさらに与野党間の真摯な協議によって修正が行われ、三月にはほぼ全会一致で参議院を通過、再び衆議院に回されて成立に至るのである。

成立から施行まで

NPO法では、ひとつの都道府県内に事務所のある団体は、その都道府県の知事が所轄庁となって法人格の認証を行うが、その業務は当時の団体委任事務（地方分権後は自治事務）とされ、条例に基づいて行われることになっていた。従って各都道府県では施行までに条例を定めなければならなかった。施行日は九八年一二月一日とされたから、すべての都道府県が一〇月までには条例を制定した。その制定過程で、それぞれの地域のNPOとオープンな議論を重ねてきた自治体もいくつかある。

このような条例制定の過程で、シーズや日本NPOセンターや各地のNPO支援センターは、市民の立場からさまざまな情報や意見を所轄庁に提供し、各種の委員会や公開フォーラムなどで法律の意味や条例のあり方について議論を深めた。十分とは言えないまでも、新しい法律に魂を入れる役割を果たすことができたと言えるだろう。市民団体の側はNPO法に条例制定をビルトインすることを強く主張したが、実現した意味は当初考えた以上に大きかったように思う。NPOが立法に係わる場合は、法律が成立するまでではなく、このような施行に向けての準備のフォローも重要だ。

税制支援の実現に向けて

NPO法は二〇〇〇年一二月で施行後二年を迎えた。この間のNPO側の課題は二つあった。一つはこのNPO法がどう使われるかを監視し必要な発言を続けること、もうひとつは法の附則で定められた見直しの一環としてのNPO促進税制をどう創設するかということである。

前者については関心ある個々のNPOがそれぞれに行えばよいが、後者はネットワークが重要だ。そこで施行半年後の九九年六月には、シーズや日本NPOセンターをはじめとする各地のNPO支援組織が集まって「NPO／NGOに関する税・法人制度改革連絡会」

を組織し、新たに創設すべき税制措置について要望をまとめ、全国的な署名運動を行い、日本各地で集会を開き、NPO議員連盟や各政党、必要なときには関係官庁にも働きかけた。

その税制は二〇〇〇年一二月の与党税制大綱に基づき翌二〇〇一年三月の通常国会で成立するが、その内容はとても満足できるものではない。さらに次年度の税制改正に向けて、より望ましい税制の実現を目指さないといけない。NPOが国レベルの政策でどのような役割を果たし得るか、その実験はあと暫く続くことになろう。

自治体レベルの政策提言

少し詳しくNPO法の成立過程を述べた。政治参加へのNPOの役割は、この中でほとんど言い尽くされている。しかしこれはあくまで国法の立法過程への働きかけである。法人や国税にかかわる制度は国の管轄であるから、全国的な動きをつくりだして国会に働きかけないと実現しない。それには相当な力仕事が必要で、シーズのような専門的な政策NPOや全国的なNPOのネットワークがあって初めて可能となる。時間も資金も人も要る。誰でもがすぐにできるというわけには、なかなかいかない。

その点でもっと多様な活動が期待されるのが、地域に密着した多くのNPOの政策提言だ。それぞれの地域で身近な課題を中心に自治体レベルの政策提言を積みあげていくことである。そしてそれらの蓄積は、何らかの点で国法レベルの立法活動に大きな影響を及ぼすに違いない。まちづくり条例や情報公開条例の制定などは、その例だ。ここではそれらは割愛するが、他のいくつかの先駆的な事例について見ておこう。

大野市の地下水保全条例

NPOの登場よりも少し前の話から入ろう。福井県の大野市は豊かな地下水に恵まれており、その井戸水で生活を支えてきた。しかし一九六七年に地下水による道路や屋根の融雪が始まってからは、多くの家庭で井戸涸れが発生した。この動きは七〇年代になってさらに進む。

危機感を抱いた主婦の野田佳江さんは七一年から井戸の水位を測りつづけて、その低下と融雪用水のくみ上げ量との関係を明らかにするとともに、七七年には融雪禁止を訴えて「地下水を守る会」を結成した。井戸が涸れれば上水道をつければよいとの考えが一般的であった中で、貴重な地下水はまず台所のために確保すべし、というのが会の趣旨である。

さらに野田さんたちは屋根融雪の実態調査に乗り出す。いかに多くの家屋に融雪装置が設置されているかを地図で示し、くみ上げ量のデータを分析することによって生活水に比べてはるかに多量の地下水が融雪に使用されていることを明らかにし、その禁止を市長に訴えた。この訴えを直ちに受け入れた市長は、七七年一〇月に地下水保全条例を成立させ、融雪の禁止と工場用水に対する循環装置の指導を開始した。こうして久しぶりに冬の井戸涸れは止んだという。

しかしこの条例は、翌年に市長が急逝したこともあり、また八一年の豪雪によって融雪禁止を解かざるを得なくなり、以来棚上げになってしまう。一方で上水道計画が着々と進むわけだが、一主婦を中心とする市民団体の克明な実態調査に基づく政策提言が、瞬時ではあるが実現し、地域社会を変えようとした意味は大きい。

(『よみがえれ生命の水——地下水をめぐる住民運動25年の記録』福井県大野の水を考える会編著　築地書館より)

藤前干潟の保全

次は最近の例である。条例の制定を伴うものではないが市民団体が地域政策に大きな影響を与えたものとして、名古屋市の藤前干潟の保全があげられる。伊勢湾に面した干潟がゴミ処分場として埋め立てられることになり、この計画が発表されるや、渡り鳥の飛来する貴重な自然としての保全運動が始まる。生態学者でもある辻敦夫さんを中心に「藤前干潟を守る会(当初は名古屋港の干潟を守る連絡会)」が結成されたのは一九八七年のこと。

守る会では子供や大人を招いての観察会やニュースレター『タイシャクシギ』の発行を通じて市民の関心を高め、署名や市議会への請願を行ってきた。この保全運動で特徴的なのは、生物等の継続的な調査活動と地域を越えた専門家のネットワークであろう。八九年には国際干潟シンポジウムを開催し、九四年に環境アセスメント手続きが開始されてからは、「環境への影響は小さい」と述べる環境影響評価準備書に対して六〇通もの意見書を出して再調査や代替案の検討を求めている。特に九〇年代の後半になってからは、メーリングリストによる電子情報の循環によってその関心は全国的に広がり、九八年一二月には環境庁長官の「厳しく対処、代替案検討を」という発言を引き出す。

こうして九九年二月に名古屋市は埋め立てを断念、公有水面埋め立て申請を撤回するとともにラムサール条約登録地に申請することになったのである。市では代替地探しも断念して、ゴミ非常事態を宣言してゴミの減量に本格的に取り組むことになった。恐らく「守る会」は今後も干潟の利用や調査や管理について、自ら活動を進めるとともに市民的な立場からの政策提言を続けることになるのだろう。

(『タイシャクシギ』ニュースレターNo.53 藤前干潟を守る会、『そして、干潟は残った——インターネットとNPO』松浦さと子編 リベルタ出版より)

仙台市のポイ捨て防止条例

最近では、自治体の側がNPOに政策づくりを相談し、それに対してNPOがアイデアを提案する例もでているが、今後はさらに増えてくるであろう。従来ならコンサルタントやシンクタンクに委託するところを、市民感覚の優れたNPOに相談するわけである。そしてNPOは市民の声をとり入れながら、政策を立案し提言する。このような例として、せんだい・みやぎNPOセンターが仙台市に協力して誕生した「ごみの散乱のない快適なまちづくりに関する条例（ポイ捨て防止条例）」がある。

一九九六年、仙台市は市長の改選を機に従来の環境美化促進条例の見なおしに着手する。罰則規定を主とするポイ捨て禁止条例は他の都市でも制定されているが、当初はともかく、取り締まりを弱めれば実効は薄れてくる。市から相談を受けたNPOセンターは、ルールを作るという視点ではなく、まちづくりを行うという視点からの政策づくりを提言する。こうして九八年には五回にわたりワークショップを開いて市民の意見を聞き、まちをきれいにする人たちの活動を支援するための条例をつくる。九九年五月に施行されると、ゴミ集めに協力する市民団体にゴミ袋を提供したり、ポイ捨てをしている人を見たら「アレマ」とつぶやく「アレマ隊員」を市民から募集するなど、市とセンターは条例に従ってさまざまな形の美化運動を展開した。提言だけでなく政策の実現や条例施行後の運用においても、このように市民の感覚で行政に協力することが、NPOにとっては大切であろう。それは地元に根付いたNPOだからできることで、一般のコンサルタントやシンクタンクには難しいことかもしれない。

(『NPOのひろば』No.21　日本NPOセンター　特集記事より)

政策NPOの役割

以上、全国的なNPOの立法活動としてNPO法の事例を、また地域政策へのNPOの働きかけとして条例づくりや政策変更の事例を見てきた。これはあくまでごく一部の事例に過ぎない。国レベルではともかく、地域レベルではすでに多くのNPOによる政策提言が、各地で活発に行われているのではないかと思う。そしてそのような活動を今後どのように活発にしていけるか、政治文化とNPO全体の力量が問われるのである。

NPOの政策提言活動を活発化するためには、多くの個々のNPOが、それぞれの社会的使命に基づいて政策意識をもち、基礎的な調査研究能力を備えて政策立案に積極的に係わることが重要だ。しかし個々のNPOには他にもいろいろな独自の活動がある。政策提言といっても、できることは限られている。しかも提言だけならともかく、その実現やその後のフォローのことを考えると、さらに知識もエネルギーも必要となる。それぞれの個別の社会的使命をもつNPOが、片手間にできるものではない。

そこで必要となるのが、政策に関する調査を行い、政策を立案し、提言を行い、その実現をすすめる専門性のある政策NPO、アドボカシー型のNPOの存在だ。先の例で言えば、シーズのようなNPOである。シーズの活動はNPO法制内と限定されているが、より広い範囲で政策を考えるNPOもあってよい。そのような政策NPOをアメリカではシンクタンクというが、委託調査で明け暮れる日本のシンクタンクとは少しイメージが違う。

しかしこの数年の間に、そのようなアドボカシー型の政策NPOと言えるものが、いくつか活躍しはじめている。例えば、市民が自ら政策やその具体化したものである法を提案していくための支援活動を行っている「市民立法機構」、現場の知恵や工夫に基づく政策提言とその実現を自治体とのネットワークを通じて進めようとしている「構想日本」、分権社会の地域自治システムの確立をめざして公共政策のありかたや市民・NPO・行政の協働型政策形成の可能性を実践的に研究している「NPO政策研究所」などである。あるいは地域を絞ったものでは、市民によるまちづくり、マスタープランづくりなどを積極的に進めている「東京ランポ」がある。「ランポ」はローカル・アクションNPOの略で、先のシーズはこのプロジェクトの中から誕生したものだ。

アドボカシーを支える寄付の文化

このようなアドボカシー型の多様な政策ＮＰＯが、個々のミッションをもつ個別のＮＰＯと協力しながら活躍することが今後ますます望まれるが、問題はその財源である。どうしても政府や自治体などの公的機関の委託に頼りがちになるが、そればかりでは従来のシンクタンクと変わらなくなる。

独自の調査能力を備え、独自の政策能力を高め、議会や行政にその実現を訴え、政策実現後は独立の立場からその評価もしていけるようになるためには、独自財源が欠かせない。個人や企業の寄付、財団の助成金などがその主なものとなろうが、今の日本社会にはいずれも乏しい。このようなＮＰＯを支えるのは特に個人の寄付が相応しいが、社会を変えていくための政策やアドボカシーに寄付をするということは、多くの日本人には馴染みにくい。しかしここのところをクリアしないと、先は暗い。

そこで何よりも必要なのが、アドボカシーを支えるための新しい寄付の文化を育てる工夫だ。ＮＰＯ支援税制の実現もその一つであるが、二〇〇一年三月の通常国会で実現したその内容については、認可要件が厳しすぎて、その役割は果たせそうにない。この新しい税制を、新しい寄付の文化を育てていくようなものに改正していくことが、当面の課題でもあるが、それ以外にもさまざまなシステムづくりが可能だろう。

議会への働きかけと議員立法能力の向上

日本の法律や条例の多くは、行政府から提案される。国では、いわゆる閣法と言われるものである。議員の提案する議員立法は大変少ない。この傾向は、自治体の条例ではさらに強い。このような状況から、NPOが政策を提言する場合、とかく行政府に働きかけがちである。しかし今後は、もっともっと議会に働きかけ、議会から出発する法律ができるようにならないといけない。行政府から出発する法律は、どうしても部局ごとの縦割り構造の中にとどまりがちだからである。縦割りを横に繋ぐには大変な調整の努力がいるので、できるだけ自分の部局で収まりやすい政策になるのである。

このような縦割りを横に繋ぐ法律や条例こそ、国会議員や地方議員がNPOと協働して提案すべきである。そのような法律や条例が増えれば、縦割りのまま細分化した政策が増える傾向は、かなり改善されるのではないだろうか。

NPOの政策提言活動の活発化は、恐らく議員の立法能力の向上とパラレルなのではないかと思う。政治参加におけるNPO活用の最も効果的な方法は、まさにこの立法活動におけるNPOと議員との協働ではないだろうか。

（「日本NPOセンター」ホームページ　http://www.jnpoc.ne.jp/）

◉第7章◉

女性を政治の場へ！

「WINWIN」の試み

下村満子

東京都生まれ。慶応大学経済学部卒。ニューヨーク大学大学院修士課程修了。朝日新聞社ニューヨーク特派員、編集委員、「朝日ジャーナル」編集長などを経て、現在ジャーナリスト。女性候補者を支援する「WINWIN」副代表。著書に『日本たたきの深層』（朝日新聞社）など多数。

政治腐敗の責任は国民にもある

今の日本の政治の現状には、目を覆うものがある。ここまで落ちたかと、絶望的になる。多くの政治家たちは、目先の自分の身の保全と権力拡大、そして利害・利権追求しか考えていないように、私の目には見える。長期的な日本の国のあり方、本当に大切なことは何なのか、そうした議論がほとんど聞こえてこない。よく言われるように「志のある」「情熱を持った」「公のために身を捨てる覚悟の出来ている」政治家が全くといっていいほど見られなくなり、単なる政治屋が闊歩しているというのが現実である。どうして日本の政治はこのように情けない姿になってしまったのか。

が、色々考えていくうちに、やはり日本国民である私たち一人一人にも責任の一端はあるなと、残念ながら認めざるをえない。私たちはこうした政治の腐敗に対し何をしてきたのだろうと考えると、自分ではそれなりにやってきたつもりでいたけれど、決して胸を張って言えるほどのことはしてこなかった。選挙には必ず行っている。どんな選挙でも棄権は一度もしたことはない。政治家の言動や各党の政策は注意深くチェックし、選挙のときにはそれを踏まえて投票を決めてきた。しかし考えてみると、こんな事は有権者としては当然のことで、格別自慢するようなことではないではないか。

もう一つ。私は長いあいだ新聞記者だったし、今もジャーナリストとして仕事をしている。この職業の特権は、紙面を使って情報を発信したり、訴えたり、政治を（政治に限らないが）批判したりすることが出来、その影響はかなりあるということだ。物を書くことで多少なりとも世直しの一端を担えるのではないかという夢もあって、私はジャーナリストという職業を選んだ。それがまったくできなかったというわけではない。

確かに物を書くことの影響はそれなりに大きい。が、長年ジャーナリストをやっていて次第に感じ始めたことは、書くことの限界とある種の虚しさである。書くことが無意味ということではなく、それだけでは不十分だということである。当然といえば当然のことだ。もっともこれは、私が歳をとってきて少々せっかちになったということかもしれない。書くというまどろっこしい事だけでは、もう間に合わない。どうしたらいいだろうという気持ちを抑えることが出来なくなった。

「WIN WIN」の試み

行き着いた結論は、「行動」「アクション」を起こすことだった。もう、理屈をこねたり、机上の空論をやったり、評論だけをやっている時ではない。どんな小さなことでもいいから、アクション！　というわけで、私のドン・キホーテは始まった。

政治が今日のようになってしまった理由は色々あるけれど、男性だけが政治の中枢にいることが、その大きな原因の一つではないか。男性に政治を任せ、ぬくぬくとしていた女性にも責任の一部はある。いま、心ある女性たちはそう考えはじめている。日本の女性の政治への参画は、先進国のなかでも最低。主要な決定権を殆ど男性が独占し、既得権益を握っていることが、いまの日本社会に歪みと改革の遅れをもたらしている。

そもそも、人間には男と女があり、その両性で社会は成り立っている。その両性がバランスをもって社会、国、地球の運営にかかわり、智慧を出し合って、男性にとっても女性にとっても幸せな社会を作っていくことこそが、最も健全な姿だと思う。半分の性である男性のみによって決定され運営される社会が、人間にとって幸せな社会であるはずがない。残る半分の性である女性の参画がどうしても必要だ。

一人でも多くの志と行動力のある女性を政界に送り、日本社会を変えていく原動力にしよう。そんな思いから、一九九九年六月スタートさせたのが、「WIN WIN」である。「WIN」は英語で「勝つ」という意味で、私たちとしては、女性を選挙に勝たせるという思いをこめた。立ち上げに参加した同志は、元文相の赤松良子さん、ジェーシーフーズ社長の大河原愛子さん、弁護士の林陽子さんほか数名。共に一年余りかけて構想を練った。

これは、一言で言えば、男性に比べ選挙資金調達力の弱い女性候補者を資金面でも援助していこうというネットワークである。基本的には会員制で、年会費一口一万円を払い会員になる。会費は事務局費用、通信費などに使われる。会員の年齢、職業、性別、社会的地位、住んでいる地域などは一切問わない。全国ネットである。選挙の際に、会は推薦委員会が選んだ女性候補者のリストと情報を会員に送り、その中から各会員が自分の応援したい候補者を選び、一人に対し一口一万円以上の寄付をし、候補者を財政的に支援する。

推薦の条件は、女性であれば誰でも良いということでは勿論ない。女性の権利と地位向上に熱意があり、かつ経済、国際、環境、福祉、年金、金融、文化、教育など何でもいいけれど、自分の専門分野、政策を持っていること。つまり、この分野でなら自分は堂々と国会でやり合えるというスペシャリティーを持っていること。当然社会改革への志、情熱、人柄、クリーンネスなども問われる。推薦候補者は自薦、他薦を問わない。

また、「WIN WIN」の特徴は、支援金を出して応援することなので、会員は日本の政治をより良くするために、いわば投資をするわけである。その結果を得るためには、まずは当選していただかねばならない。それで当選の可能性が多少なりともある方、というのも大切な条件の一つだ。勿論、だからといって、当選の可能性がいくらあっても、上記の条件を満たさない方を、推薦することはない。

政党は問わない

また「WIN WIN」は特定政党とは一切関係を持たない超党のネットワークである。原則、個人として上記の条件を満たすかどうかをチェックするので、どこの政党でも立派な候補者であれば推薦する。実は、この事に関しては、いろいろと議論があった。政治なのだからやはり政党抜きに考えるのは難しいのではないか、という意見もあった。もっともなことなのだが、残念ながら今の日本の政治は、私の目には、再編成の最中にあり、どの政党もくっついたり離れたり、無くなってしまったり、また議員たちもあっちの政党こっちの政党と渡り歩き、節操がないし、各政党が選挙の際に掲げる公約は、似たりよったりで余り区別がつかず、政党政治の体をなしていない。連立だって数合わせのためで、必ずしも似たような政党が一緒になっているとは思えない。

この政党にコミットしたいというような政党が存在しないというのが、大部分の人にとって本当のところではないかと思う。それが今の日本で特定政党をサポートしない無党派層が増えている理由だと思う。そこで私たちの考えたのは、日本の政治を改革するには、族議員や既得権益でがんじがらめになっている議員ではなく、日本の国全体のこと、日本人一人一人の生活の向上を真剣に考える志のある議員が必要なのだから、仮に政党が違っても、あらゆる政党の議員のレベルが上がれば日本の政治のレベルは上がっていくだろうということだった。だから推薦は政党でなく個人に対して行う。当分そういうことでやっていこうということになった。

この趣旨に賛同してこれまでに会員になった方の数は、男女合わせて、すでに九〇〇人近い。

「エミリーズ・リスト」

この運動のヒントになったのは、アメリカで成功している「エミリーズ・リスト」(EMILY'S LIST) だった。一人でも多くの女性を政界に送り、アメリカ社会を変えていこうという運動をする団体である。発足したのはおよそ一七年前、アメリカの政治の現状を憂えた女性二五人が、何とか自分たちが支持できる女性の代表を政治の場に送り込む方法はないかと集まったことに始まる。ただ日本と違うのは、これは民主党を支持する女性の集まりだという点だ。アメリカは二大政党制なのでこうしたことが可能で、前述した日本のような悩みは抱えていない点が、スッキリしている。

が、アメリカといえども、当時、民主党の女性上院議員は皆無。大きな州の女性知事もなく、下院の女性議員数も四三五人中わずか一二名と少ない上、減少傾向にあった。一般に女性候補者の一番の弱点は、選挙資金の調達が下手なこと、というより男性のような献金母体を持たないことだ。この選挙資金（しかもクリーンな）を何とかしなければ、とうてい男性候補者に太刀打ちできない。そう考えて作ったのが、女性候補者支援のネットワーク「エミリーズ・リスト」だった。

日本同様、年会費一〇〇ドルを払って会員になる。選挙時には、「エミリーズ・リスト」の推薦委員会が候補者を厳選し、その女性候補者リストと、一人一人についての詳しい情報を会員に送る。会員はその中から自分が応援したいと思う候補者を二人選び、それぞれに一〇〇ドル以上の寄付をする。献金は候補者に直接送らず、「エミリーズ・リスト」の事務局に送る。事務局は全国から集まった献金を候補者ごとに束ねそれを本人に送る、というシステムだ。

候補者リストに載る最低の条件は、民主党支持でかつ「プロ・チョイス」（中絶権支持派）であること。その上で候補者一人一人と面接し、人柄、専門知識、真剣さ、当選の見込み、対立候補のことなど、あらゆる観点からチェックする。つまり、自分たちが納得できる有望な女性候補を全国レベルで発掘し、選挙資金を調達して応援し、選挙戦略も伝授するなど幅広い活動を行って、大変成功している。

この「エミリーズ・リスト」の会員は、わずか十数年の間に五万人近くになり、候補者に寄せられる寄付はおよそ一〇億円、アメリカで最大の政治献金団体となっている。これまでに六名以上の女性の上院議員、四二名の下院議員、三名の知事を誕生させるという、輝かしい成果をあげている。最近では選挙ごとに平均二〇名以上の候補者を推薦している。二〇〇〇年一一月の選挙では、沢山の候補者を推薦しているが、その中には上院議員に立候補したヒラリー・クリントンも含め、新旧合わせて五〇人近い当選者を出している。

私たちが「WIN WIN」を発足させたのは、この「エミリーズ・リスト」の成功に触発されたからだった。

EMILYの名前の由来だが、大抵の方は女性の名前だと思うらしいが、〝Early Money Is Like Yeast〟の頭文字を取ったもので、「早い時期に出すお金は、パンを膨らますイースト菌のように候補者を大きくふくらます」という意味である。

大阪府知事選が第一戦

「WIN WIN」は一九九九年六月発足当初は、来るべき衆院選挙(結果的には二〇〇〇年六月に行われた)から支援活動をスタートし、将来は知事選、地方選挙でも支援する方針だった。中でも、日本に一人も女性知事がいないということを考えると、日本初の女性知事を誕生させるということは私たちの重要な目標の一つだった。が、とりあえず衆院選挙から取り組もう。知事は次の統一地方選挙の時に頑張るしかない、と考えていた。

ところがである。衆院選はずるずると延びる一方。いったいいつなのかと、いいかげん痺れをきらしていた時、突然のニュース！　大阪府知事の横山ノック氏が辞める。そして候補の一人に女性の名前が挙がってきた。以前岡山の副知事をやった通産省（当時）の太田房江さん。これはチャンス、と「WIN WIN」のメンバーは興奮した。さっそく太田さんに会い色々話をしたが、ぜひ応援してほしいとのこと。さっそく推薦委員会を開き、全員一致で推薦が決まった。

とにかく時間はほとんどない。会員にお知らせし、戦略を練り、告示日に取り敢えず大阪に飛び、ご本人にも同席してもらい、「WIN WIN」主催の記者会見を開き、太田さんを応援することを発表した。大阪在住の会員の方々も集まり、またかつて太田さんが副知事をやっていた岡山からも沢山の女性たちが大阪まで応援にやって来て、記者会見会場に同席し、大変な盛り上がりようだった。それからの一週間の選挙活動は「WIN WIN」にとっても初めての経験であり、もうシッチャカメッチャカだったが、太田さんは見事当選した。選挙開票日、われわれ発起人一同も大阪に出掛け、太田さんの事務所で固唾を呑んで票の行方を見守り、当確が入ったときは、自分が当選したような気分で大騒ぎした。赤松良子代表が太田さんに花束贈呈し、これがテレビや翌日の新聞に大きく写真入りで取り上げられた。というわけで「WIN WIN」の第一戦は、予定していた衆院選ではなく、知事選になってしまった。しかも、第一戦から勝利。まだまだ何年も先だと思っていた女性知事第一号が、思いがけず実現した。そう思うと夢のようで、信じられない気持ちだった。勝利のワインはことのほかおいしかった。

そしたら驚いたことに、それから間もなく、熊本県の知事が急死され、知事選にまた女性が一人立候補した。潮谷義子さんという地元で福祉関係の仕事にたずさわってきた方だという。「WIN WIN」としても、出来れば推薦し応援したいと思い活動を開始したが、告示日までわずか一週間、これでは推薦委員が熊本まで行って、あるいは熊本からでてきていただいて、候補者の潮谷さんに会う時間がない。いくら女性知事誕生のためとはいえ、お会いしたことのない方を推薦することは出来ない、ということになって、潮谷さんの応援は断念することにした。潮谷さんは、見事当選し、戦後五〇年を過ぎても一人もいなかった女性知事は、あっと言う間に二人になった。

推薦候補者をどう決めるか

そうこうするうちに、こんどはいよいよ本番の衆議院選挙である。飛び入りで入ってきた思いもかけない大阪知事選で、しばらく衆院選の準備はストップになっていたが、それでもそれまでに時間をかけて推薦委員会で何人かの推薦候補予定者リストを作ってきた。

いよいよ「WIN WIN」としての推薦候補を最終的に決定し、会員の方々に候補者についての情報をお知らせし、募金活動を始めなくてはならない。とにかく全国二〇〇人以上いる女性候補者の中から、一五〜一六人まで絞り込んだが、あとは一人一人と推薦委員がお会いして、話をする最終段階が大切だ。「WIN WIN」自身が選んだ人の他に、自薦、他薦、色々なチャンネルを通して紹介された方々など、推薦候補予定者は続々増えてきた。皆さん推薦を強く希望している方々ばかりで、応援者、ご本人からも度々何とか推薦してほしいという電話がかかってくる。

推薦候補者に関しては、前に述べた幾つかの条件のほか、原則、新人。比例区からの候補者は、党を支持することになるので対象にしない。但し、これまで比例区で、新たに選挙区で戦うことになった人は、新人と見なす。原則、できるだけ二世議員は避ける——ということを決めていた。

私たちとしては一人でも多く推薦したかったが、会員は選挙時にはまだ七〇〇人で、一人最低一万円の支援金とすると、七〇〇万円。これではあまり沢山の方を推薦できない。支援金は一人に対して少なくとも一〇〇万円以上にしたかった。何十万円では、あまりにも少なく、選挙費用の足しにならない。そこで、第一回目だし、慎重に、推薦の人数は四人と決めた。あまりにも少ないという声もあったし、私たちもそう思った。そこまで絞るまでに、推薦委員は実に悩み、苦しみ、多くの候補者の恨みをかい、悶々とする場面もあったが、アメリカでも「エミリーズ・リスト」の最初の選挙で推薦したのは二人だったという。そのうち一人が当選し、初めての女性の上院議員が誕生した。そういう話を聞くと、そんなものだろうなと、少々慰められた。

結局、推薦と決定したのは、次の四人。①水島広子さん（民主党、栃木一区）②鎌田さゆりさん（民主党、宮城二区）③東門美津子さん（社民党、沖縄三区）④小宮山泰子さん（無所属保守系、埼玉七区）である。

当選する可能性の高い人はおらず

水島さんは東京の生まれ育ちの精神科医だが、民主党の候補者公募に応募して選ばれ、突然何の縁もない栃木一区を選挙区として宛てがわれた。それがよりによって、あの「政界失楽園」と騒がれた、船田元氏の選挙区。三代にわたり（祖父、父、本人）選挙区を独占、「船田帝国」といわれた自民党地盤である。そこに舞い降りて選挙に挑もうというご本人は、多くの人に百パーセント勝ち目がないと言われていたが、そんなことどこ吹く風の元気さ。夫と二歳の子供を引き連れ、すぐに栃木に引っ越し、頑張っていた。三二歳という若さ。

鎌田さゆりさんは、仙台の市議会議員を務めており、地方議員から国政に挑戦しようという夢を持ち、着々と政治家としての基礎作りに励んできた人。やはり三〇代だが、非常に純粋で一途な人だ。

東門さんは、沖縄の副知事もやったことがあり、沖縄の女性には大変な信頼と人気がある。戦後の長い歴史の中で、沖縄は基地問題を抱えながら、これまで一人の女性議員も国会に送り出していない。二一世紀を前に、沖縄から女性を国会に出そうという草の根運動が盛り上がり、東門さんという人格、経験、国際性、情熱、志、あらゆる点で文句のない人を出した。

小宮山泰子さんも、三〇代。もともと父親の代から自民党で、今回も自民党から推薦を受けることになっていた。今回大変苦労したのは自民党はじめ保守系の候補者だった。特に自民党は、森山眞弓さん、田中真紀子さん、野田聖子さんなどなど、古株には有名で活躍している人が多いのだが、新人女性候補は極めて少なく、党として新しい女性を真剣に育てていこうという姿勢があまり見られなかった。で、推薦したくとも条件に合う候補が見つからない。その中で小宮山さんは違っていた。県議会議員を二期やって、二期目は最高点当選だった。県議のとき、女性たった一人で男性の県議を口説き、小宮山さん以外すべて男性という男女平等参画議員連盟を作った。若い世代の保守だな、こういう新人類の保守が出てくるのは面白いと思ったのだ。が、残念ながら、最後のところで自民党の推薦が得られなかった。彼女に代わって推薦を受けたのは、新進党から自民党に鞍替えした男性で、地元のお菓子屋さんだった。で、小宮山さんは無所属保守系で立候補した。

この四人に東京に集まっていただき、四月末に日本記者クラブで記者会見を開いた。多くのメディアが集まってくださり、新聞、テレビ、雑誌などに大きく取り上げていただき、好調な滑り出しだった。が、それから投票日までの選挙戦は、語るも涙の物語である。はっきり言って、この四人のうち、当選の可能性の高い人など一人もいなかった。普通の政治の常識では、皆危ない。一人も当選しなかったらどうしようと、毎日不安の連続で、皆悶々としていた。

でもそんなことは言っていられないので、代表の赤松良子さん、副代表の私や北野容子さんはじめ、推薦委員の方々は、仕事を犠牲にして、応援のために北から南まで走り回り、声を張り上げ応援に努めた。私は第一日目の公示日には、赤松さんと沖縄に飛び、雨の中、選挙カーに乗り、土井たか子党主や候補者の東門さんと並んで声を張り上げ、水島さんのために宇都宮に何度か行き、地元のメディアのため記者会見を開いたり、励ます会で演説したり。赤松さんは仙台に二度も行き、鎌田さんの街宣車で、慣れない演説をし、一方副代表の北野さんや私は、小宮山さんのために川越の公民館に集まった市民の会の一五〇〇人を前にして、声を嗄らして支持を訴えたり。決して若くない身なので、みなもうヨレヨレになってしまった。

が、その後はご存じの通り。四人のうち三人が当選！という自分たちも信じられない好成績を挙げたのだった。水島さん、鎌田さん、東門さんが見事当選し、小宮山さんは惜しくも次点だった。水島さんは、奇跡が起きても無理だと言われた船田帝国を倒したので、たちまち「話題の人」となり、新人で初めて国会質問に立ち、その歯切れのいい物おじしない明快な発言で、たちまち「スター」になってしまった。そうした華やかさに惑わされず、初心を貫徹してほしいと願っている。

千葉知事選での「革命」

先輩の「エミリーズ・リスト」の代表には、すぐにEメールで、結果を知らせたが、彼らの最初の選挙の勝率は五〇パーセント、私たちは七五パーセントなので、とてもびっくりしていた。「資金なし、看板なし、地盤なし」の無名の新人が、しかも小選挙区で四人のうち三人が当選ということは、大変なことで、「WIN WIN」は沢山のメディアに取り上げられ、高く評価された。私たちとしては、過大評価だと少々こそばゆい気持ちだ。途中で何度もやめようかと思ったほど山あり、谷あり、挫折感ありのこの運動だが、なんとかここまでやって来てよかったと、いまは思っている。

ところで、この原稿を書いている最中に、またまた予定外の事が起こった。参議院議員の堂本暁子さんが、千葉の県知事選挙に立候補するという決心をし、「WIN WIN」に推薦を求めてきた。堂本さんは「WIN WIN」発足前の計画段階からの一貫した賛同者・支援者だった。志を同じくする女性政治家、しかも市民グループに懇願されての無所属での立候補。さっそく推薦委員会を開き、全員一致で推薦を決定。千葉県浦安で本人同席のもと記者発表をした。会場には堂本さんを推す勝手連の幟が一〇〇本以上乱立し、茶髪のお兄ちゃんたちもいっぱい。「無所属っていうのが気に入ったから応援する」と、茶髪の若者の一人は説明してくれた。なにやら仲間一〇人くらいと、かなり盛り上がっている様子だった。

とはいえ、自民、民主・社民、共産とそれぞれ党をバックに立候補している候補者が三人、他に一人、計五人の戦いである。どの政党とも関係なく、文字通り全くの無所属。たった一人の選挙戦。勝手連や市民がついているとはいえ、彼らは組織ではなく、てんでんばらばら。いったいどこまで行けるのか。正直、非常に不安だった。ご本人も、これまでの参院選は比例区から。本当の選挙は初めてだったし、全く「わからない」というのが本当のところだったと思う。ただ、体当たりで普通の県民と対話を続け、全県を走り回った。結果は、大接戦の末、勝利！

私も開票時には、堂本さんの千葉市の選挙事務所に待機して、固唾を呑んで結果を待ったが、「当確」が出たときは、「これは革命だ!」と皆で叫んでいた。本当にすごいことが起こったと思った。

考えてみれば、「WIN WIN」をスタートさせてからまだ二年足らず。初めての選挙は一年前の大阪府知事選だった。わずか一年で、戦後五〇年経っても一人もいなかった女性知事を二人と、国会議員を二人も誕生させたのだから、かなりいい線をいっているのではないかと自負している。やはり時代が変革を求めているのではないだろうか。

次は参議院選挙である。もう準備を着々と進めている。すでに幾人かの候補予定者からのアプローチもあり、私たちも良い候補の発掘に乗り出している。こんどはこれまでより少し多く推薦したいと思っているが、衆院選の結果が余りにもよすぎたので、かえって次回がやりにくい。

何れ《いず》にしても、もう何をやっても無駄、日本の政治はどうしようもないと、絶望的になっていた私たちだが、そうやって投げてしまいふてくされて、批評ばかりやっていても仕方がない。ドン・キホーテでもいいから、何か自分の出来ることで行動を起こそうと、人から馬鹿にされ、笑われながらやってみたが、やはり小さな一歩であっても何もやらないよりはましだ、ということを実感した。勿論、会員の方から色々と厳しいお叱りや、ご意見もいただくが、そして時には、なぜ私はこんなことをやっているのだろうと落ち込むこともあるけれど、そして百パーセントのボランティア活動で、いつまで続くか分からないけれど、やはり可能な限り続けてみたいと考えている。

以上、「WIN WIN」のささやかな試みについて、書かせていただいた。

最後に、図々しくも、この場をお借りしてのPRをさせていただきます。本稿で紹介した通り、「WIN WIN」の活動の大きな特徴は、単に候補者のための励ます会をやったり、パーティを開いたりという応援の仕方ではなく、支援金という具体的な形で応援する点にある(勿論この他に、上述したような様々な形での応援もする)。そういう意味で、この活動の一番のポイントは会員数である。会員数が増えれば、それだけ提供できる資金も、推薦する候補者の数も増やせるので、「WIN WIN」では、一人でも多くの方たちの理解と参加を呼びかけている。もし本稿を読んで、賛同してくださった方、是非是非、会員になっていただきたく、お願いいたします。また少しでも関心を持っていただいた方、またいろいろな疑問のある方は、ご遠慮なく下記までご連絡ください。出来るだけ多くの方々と、一緒に運動を広げていきたいと思っています。

私たちの最終的に目指すところは、早く政界における女性の数が増え、「私たちが選びたい女性候補」ではなく「私たちが選びたい候補(性別に関係なく)」を推薦する活動にしていくことです。

毎日新聞のあるパレスサイド・ビルの六階に、「ＷＩＮＷＩＮ」の小さなオフィスがあります。いつでもお訪ねください。

（事務局ＦＡＸ〈０３〉５２２３-２２４７　〈E-mail〉info@winwinjp.org　ホームページ　http://www.winwinjp.org/）

◉第8章◉

投票権と「選挙に行こう勢！」

石川好

1947年東京都伊豆大島生まれ。高校卒業後渡米、カリフォルニア州で4年間農業に従事。慶応大学卒。現在、作家活動とともに社会基盤研究所理事長、秋田公立美術工芸短大学長。「選挙に行こう勢！」発起人。著書に『ストロベリー・ロード』（文藝春秋）など多数。

政治権力を作ろう

政治について考え参加するとき、どのような場所から考えると、政治の姿が見えてくるのだろうか。政治が溶解現象を起こしているいま、そんな基本的なことを問いかけ考えてみたい。

政治について考える基本の場所とは「選挙」だとわたしは考えるので、選挙をめぐって論を進める。

日本は主権在民の民主主義政治を憲法上標榜している。その限りにおいて、政治権力システムは独裁者の意志ではなく、国民が政治に参加することによって作られていなければならない。主権在民と言おうが、国民主権と表現しようが、政治権力を独裁者によってではなく、選挙によって国民の代表を作り、選ばれた彼らに主権をゆだねるのだから、民主主義国家における国民の政治参加とは、参政権の行使に尽きるのである。

主権在民とは、主権（政治最高権力構成権）を国民自身が所有しているということであり、または国民の代理人（議会人）が所有しているという意味である。したがって民主主義政治とは、選挙による政治を意味しているのである。

こんな自明のことをあえて取り上げるのは、せっかく民主主義政治を実行するために、国民主権をうたった憲法を持ちながら、わたしたち有権者がまっとうな政権交代を生み出していないことが証明するように、選挙をちっとも上手に活用していない。この事実を改めてここで明らかにしたいからだ。

選挙とは、単に投票所に向かうことではなく、時に応じて政権を交代させるために行使するものなのである。そのために、われわれは一票を持っているのだ。

このように言えば、政権交代させたくても、野党にその力がないからどうしようもない、と答える日本人が多い。それはそれなりに正しいのだが、政権交代とは、政治担当能力の有無だけが問題ではなく、政治や政治家を鍛えるためにも必要なのである。なぜといえば、政治家は政権の座について真に鍛えられるのであり、政権の座に属したことのない政治家は、アマチュア政治家といっても過言ではないからである。

政権交代とは、統治能力の問題ではなく、同じ政党に長期間、政権運営をさせないことを意味する。なぜなら、あらゆる権力は必ず腐敗するからだ。腐敗した権力の事実を、今日ただいまの日本人は自民党長期政治に見ているではないか。たとえ選挙の結果自民党支配政治が続いているのだとしても、これは選挙による一種の独裁政治と言えるのである。民主主義とは、同じ人間や政党に長期間権力の座につかせないことを理念として考えられたことを知るものにとって、日本では選挙独裁政治が行われているのである。

改めて確認しよう。民主主義における政治参加とは、政治権力を作る作業に国民が参加することである。このために、国民には一定の年齢に達したとき、参政権が憲法において保障されているのだ。ゆえに、国民の政治参加とは、参政権を積極的に行使することを意味しているのだ、と。

投票権と被選挙権

ここまではよく知るところだろう。ところで、参政権とは何か。改めて考えねばならない。それは選挙における「投票権」と「被選挙権」。つまり「政治家を選ぶ権利」と「政治家に選ばれる権利」の二つが合わさって参政権と呼ぶのである。日本人一般の常識では、投票権だけが重要視されていると思われる。これが問題なのだ。

わたしたちは投票権と被選挙権の二つがセットになって参政権であると、改めて自覚する必要がある。以下詳しくその理由を述べる。

手始めに、政治について考える多くの日本人でさえ、被選挙権が視野にないことを例に挙げてみよう。たとえば、選挙が近付くと、選挙管理委員会および立候補者が、投票所に向かうことをアピールする。

いわく「貴方の一票が政治を変える」「清き一票をわたしに下さい」「○月×日は、参議院の選挙です。もれなく投票しましょう」等々。そしてメディアも積極的に投票を呼びかける。このように投票行動には、積極的に対応する。

しかし、その選挙が近付いたとき「○月×日は、参議院の選挙です。三〇歳以上の日本国籍を持つ有権者なら、立候補ができます。立候補にかかわる手続きの説明を行います。あなたの被選挙権を行使してください」といった呼びかけや広告を聞いた覚えのある人はいないであろう。

このように、選挙管理委員会の宣伝広告においてすら、投票は呼びかけても、被選挙権の行使を呼びかけることはない。教育現場でも同じだと思う。

「国民の権利である一票を必ず行使しましょう」と投票については教えるが「一定の年齢になったら、被選挙権を行使しましょう」と被選挙権行使を教える教室はないはずである。投票についてのわたしの個人的経験からも、教育現場で教師たちからそれを聞いた覚えはない。被選挙権行使は黙殺されているのだ。つまり、わたしたちは参政権の片肺飛行で国政に参加しているのである。

七万人の議員

このことをもう少し深く考えてみよう。一票の投票権といわれるが、民主主義社会では国と地方で様々な選挙が行われている。

仮に東京都千代田区の住民にAなる人物がいたとする。さて、このAさんは有権者であるからして、選挙では一票の投票権を持っている。では、どんな投票権がAさんにはあるのか。この人には、千代田区議会議員選挙権、千代田区長選挙権、東京都議会議員選挙権、東京都知事選挙権、衆議院東京一区選挙権、衆議院比例区選挙権、参議院東京区選挙権、参議院比例区選挙権と八つの投票権が与えられているのである。

また、以上八つの投票権は、そのまま八つの被選挙権として、Aさんには付与されている。しかもこの八つの被選挙権は、彼が住む千代田区に限らず、全国三三〇〇余の地方自治体のどこにでも、落下傘候補として出馬することができるのである。

たとえばAさんは、山梨県のある町の町会議員にも町長にも県会議員にも県知事にも、立候補できるのである。民主主義における権力作成の道具としての選挙は、国と地方にまたがって、このようにきめ細かく整備されている。これらを十二分に活用し、この選挙システムに県民国民の代表をうまく立候補させ、有権者がこれを私利私欲のためではなく、あくまで公益のために選ぶことができるのなら、決して民主主義は悪い制度ではないのである。要は道具をいかにうまく使い切れるのか。そして、その道具が錆び付かないために、いかに手入れを怠らないか、にかかっているのだ。

日本の人口約一億二七〇〇〇万人。被選挙権年齢を二五歳から（参議院は三〇歳だが）、体力的な問題として七〇歳くらいまでに区切れば、日本の被選挙権行使可能人口はおよそ六〇〇〇万人くらいだろう。さて、先に挙げた国民が持つ八つの被選挙権行使の議席総数は、国と地方合わせて約七万弱。ということは、二五歳から七〇歳までの日本人約一〇〇〇人に一人は被選挙権を行使しているわけだし、議席数の約七万弱とは、超巨大企業の従業員に比する数ではないか。しかも地方や国の税金を使い、最高の許認可権限を持っている職場あるいは職業なのである。国民の財産であるこの超大企業であるこの職業（政治）を十二分に使い切っていない。よく知るように、一部の世襲人間たちが独占的にこの職業を取り仕切っているからだ。それが日本の国民なのである。そして、この大事な職場に、障壁が多過ぎて必ずしも日本のベストアンドブライティストが参入できないようになっているのだ。

投票率上昇の意義

一九九八年、わたしは知人らと語らって、「選挙に行こう勢！」という団体行動を起こした。これは毎回低落傾向にあった投票率を、何とか上昇させようと、友人たちと語り合い、選挙期間中、街頭に出て、

「選挙に行こう。選挙に行きましょう。投票所に足を運びましょう」

と呼びかける運動であった。

幸いなことに、メディアが大きく取り上げてくれたせいもあって、この運動は広く知られるようになり、その時の投票率は一気に八パーセント近くも上昇した(もとより、投票率が上昇したのは様々な要因があってのことで、この運動だけのせいではない)。

その結果、自民党は参議院選挙で大敗し、時の橋本龍太郎首相が責任を取って辞任に追い込まれたのであった。八パーセントというのは、日本の総有権者数が約一億人であるから、八〇〇万票。つまり、前の選挙より八〇〇万人前後多くの有権者が、投票所に足を向けたことになる。こんなことが選挙のたびに起これば、政治状況に変化が起こらないわけがないのだ。

また、二〇〇〇年の衆議院選挙でも投票率が上昇した。その結果、自民党はさらに窮地に追い込まれている。選挙の投票率が政治を変え、動かす何よりの証明であった。有権者の勝利と言っておこう。

この運動を行っている最中、政治に抗議するなら投票所に向かうよりも、白紙投票またはボイコットをすべきだ、と批判されたことがある。一見正論にも思われるが、事実は大違いなのである。低投票率であっても、白票が多くても、選挙さえやれば、民主主義政治下では、政治家は生まれ、政権政党ができる。生まれた政治家あるいは政権は、国民が払う税金の配分権を持っている。彼らがそれをどう使おうと、投票所に足を運ばない有権者には、発言権がないのである。だからこそ、わたしたちは「選挙に行こう」と呼びかけたのだった。

したがって、政治家は自分が作り上げた地盤あるいは基礎票の範囲内での低い投票率ほどありがたいものはないのである。どんな政治家でも一〇〇パーセントに近い投票率が予想されたなら、震え上がるものだ。それが有権者の恐ろしさである。有権者の力を政治家に見せつけていないのが、日本なのではないのか。

政治家を鍛え、政治を建て直すのには、高い投票率こそ最大の武器なのだ。その武器を行使せず、政治不信、政治的無関心、無党派などと言っているのが、これまでの日本の有権者ではないのか。

身内と支持基盤から限りなく多くの票を集め、それ以外の人には寝ていてもらいたい。これが政治家の選挙における心理であることを忘れてはならないであろう。それゆえに、この選挙構図を変えるため、とにもかくにも、地方の小さい選挙であれ、国の選挙であれ、選挙と名が付けば、「選挙に行こう勢！」と、わたしたちは行動すべきなのだ。

「いい候補見つけ隊」

わたしたちはこの「選挙に行こう勢！」というデモンストレーション行動の他、もう一つの参政権である眠っている「被選挙権」を行使する呼びかけの行動も起こした。名付けて「いい候補見つけ隊」。これ読んで字の如く、無名の有権者から、政治家への道を志願する人間を発掘する運動である。前にも述べたが、日本の地方、国を合わせた議員総数は七万弱。この議席に被選挙権を行使して進出するのは、国民・市民の権利であり、納税している以上、これを正しく使うことを考えなければならず、考え、チェックするだけでなく、あえて立候補し、税金を配分する側にも立たなければならない。したがって被選挙権行使は権利というよりも、義務とも考えてしかるべきなのだ、とわたしたちは考えたからだった。

ところが、大方の有権者にはその意識が極めて薄い。その結果、地方議員であれ、国政の議員であれ、世襲化が進み、二世、三世議員が四人に一人くらいの割合になっているのである。二世、三世議員だから駄目だというのではない。民主主義政治を標傍しながらも、世襲を習慣的に認めている日本の有権者の政治意識が問われているのである。

被選挙権の行使については、有権者の無自覚、無関心もあるが、それに加えて、社会全体が政治家という職業を軽蔑し過ぎているので、政治家に出馬するのをためらう風潮がある。とりわけ企業社会がそうである。この点もよくよく考え批判すべきことである。

日本人の多くは大中小企業を問わず会社員である。大多数がそこに属している以上、日本のベストアンドブライティストもその企業社会の中にいるはずだ。

ところが、企業社会に属している人物が、出馬を決意しても、そう簡単にはいかない。彼はその企業を辞めない限り、まず立候補はできないのである。選挙は厳しい戦いである。出馬しても、勝てる見込みは当人はおろか誰にも見当がつかない。またお金もかかる。会社を辞めて出馬し、敗北すれば、失業と借金が残るだけ。だとすれば、これほど危険なことを承知して企業社会から、職を辞して出馬する人は滅多にいないであろう。

一票の重みを知ろう

日本の最良にも最高の部類にも位置する人が多く属しているはずの企業社会から、政治家に立つ道がほぼ閉ざされている以上、日本に優れた政治家を誕生させることなぞ、夢のまた夢ということになるではないか。

せめて、出馬期間中は休職扱いにするとか、落選したなら復職できるとか、いくらでも社内において就業規程は変更できるはずだが、企業内においてそうした動きは表立った所からは聞こえて来ない。

経済団体などでも、政治資金がどうだ、規制緩和を早くしろと政府に要求する前に、参加会員企業に対し、政治家への道を社員に開くように、就業規程の見直しや、あるいは政治家になることを奨励する制度を作るなどといった具体的な行動を起こすべきなのである。その方がよほど、日本再建に貢献するだろう。

政治への参加とは、選挙に参加することに尽きる。それは選挙制度や政党のあり方を改める以前に、国民有権者が文字通りの「一票の重み」を知り、それをよく理解した上で、投票と出馬の二つをいかに行使するか、にかかっている。

民主主義政治は、国民が作るものである。その国民に善き政治を作ろうという意志がなければ、独裁政治よりも悪い政治になる可能性もあるだろう。

だから、「選挙に行こう勢!」。

（ホームページ　http://www.telespot.co.jp/senkyo/）

講談社現代新書　1547

〈政治参加《せいじさんか》〉する7《なな》つの方法《ほうほう》

二〇〇一年四月二〇日第一刷発行

編者――筑紫哲也《ちくしてつや》

発行者――野間佐和子　発行所――株式会社講談社

東京都文京区音羽二丁目一二―二一　郵便番号一一二―八〇〇一

電話（出版部）〇三―五三九五―三五二一　（販売部）〇三―五三九五―三六二六　（製作部）〇三―五三九五―三六一五

装幀者――杉浦康平＋佐藤篤司

印刷所――凸版印刷株式会社　製本所――株式会社大進堂

（定価はカバーに表示してあります）　Printed in Japan

N.D.C.311　250p　18cm

ISBN4-06-149547-X　（学一）

「講談社現代新書」の刊行にあたって

教養は万人が身をもって養い創造すべきものであって、一部の専門家の占有物として、ただ一方的に人々の手もとに配布され伝達されうるものではありません。

しかし、不幸にしてわが国の現状では、教養の重要な養いとなるべき書物は、ほとんど講壇からの天下りや単なる解説に終始し、知識技術を真剣に希求する青少年・学生・一般民衆の根本的な疑問や興味は、けっして十分に答えられ、解きほぐされ、手引きされることがありません。万人の内奥から発した真正の教養への芽ばえが、こうして放置され、むなしく滅びさる運命にゆだねられているのです。

このことは、中・高校だけで教育をおわる人々の成長をはばんでいるだけでなく、大学に進んだり、インテリと目されたりする人々の精神力の健康さえもむしばみ、わが国の文化の実質をまことに脆弱なものにしています。単なる博識以上の根強い思索力・判断力、および確かな技術にささえられた教養を必要とする日本の将来にとって、これは真剣に憂慮されなければならない事態であるといわなければなりません。

わたしたちの「講談社現代新書」は、この事態の克服を意図して計画されたものです。これによってわたしたちは、講壇からの天下りでもなく、単なる解説書でもない、もっぱら万人の魂に生ずる初発的かつ根本的な問題をとらえ、掘り起こし、手引きし、しかも最新の知識への展望を万人に確立させる書物を、新しく世の中に送り出したいと念願しています。

わたしたちは、創業以来民衆を対象とする啓蒙の仕事に専心してきた講談社にとって、これこそもっともふさわしい課題であり、伝統ある出版社としての義務でもあると考えているのです。

一九六四年四月　　　　野間省一

哲学・思想

66 哲学のすすめ——岩崎武雄
148 新・哲学入門——山崎正一 市川浩
159 弁証法はどういう科学か——三浦つとむ
168 実存主義入門——茅野良男
171 構造主義——北沢方邦
176 ヨーロッパの個人主義——西尾幹二
285 正しく考えるために——岩崎武雄
501 ニーチェとの対話——西尾幹二
788 現代思想のキイ・ワード——今村仁司
871 言葉と無意識——丸山圭三郎
898 はじめての構造主義——橋爪大三郎
916 哲学入門一歩前——廣松渉
977 哲学の歴史——新田義弘
989 ミシェル・フーコー——内田隆三
1001 今こそマルクスを読み返す——廣松渉
1002 言葉・狂気・エロス——丸山圭三郎
1007 日本の風景・西欧の景観——オギュスタン・ベルク 篠田勝英訳
1024 自由の悲劇——西尾幹二
1071 ヴァルター・ベンヤミン——高橋順一
1075 精神病理からみる現代思想——小林敏明
1088 ヨーロッパ「近代」の終焉——山本雅男
1123 はじめてのインド哲学——立川武蔵
1178 都市のコスモロジー——オギュスタン・ベルク 篠田勝英訳
1179 素朴と無垢の精神史——P・ミルワード 中山理訳
1181 ソクラテスはなぜ裁かれたか——保坂幸博
1210 イスラームとは何か——小杉泰
1235 スウェーデンボルグの思想——高橋和夫
1237 アーユルヴェーダの知恵——高橋和巳
1244 「気」で読む中国思想——池上正治
1248 20世紀言語学入門——加賀野井秀一
1263 フランス現代哲学の最前線——C・デカン 廣瀬浩司訳
1286 哲学の謎——野矢茂樹
1293 「時間」を哲学する——中島義道
1298 論証のレトリック——浅野楢英
1301 〈子ども〉のための哲学——永井均
1315 じぶん・この不思議な存在——鷲田清一
1317 意識と存在の謎——高橋たか子
1325 デカルト＝哲学のすすめ——小泉義之

★

13 論語——貝塚茂樹
207 「無」の思想——森三樹三郎
322 中国人の知恵——諸橋轍次
529 古代インドの神秘思想——服部正明
756 「論語」を読む——加地伸行
761 「三国志」の知恵——狩野直禎
846 老荘を読む——蜂屋邦夫
853 「韓非子」の知恵——狩野直禎
924 ヨーガの哲学——立川武蔵
997 空と無我——定方晟
1056 「気」の不思議——池上正治
1079 江戸の無意識——櫻井進
1126 「気」で観る人体——池上正治
1139 酒池肉林——井波律子
1163 「孫子」を読む——浅野裕一
1167 「葉隠」の叡智——小池喜明
1303 輪廻転生を考える——渡辺恒夫
1323 〈わたし〉とは何だろう——岩田慶治

★

225 現代哲学事典——山崎正一 市川浩編
921 現代思想を読む事典——今村仁司編
1142 南方熊楠を知る事典——松居竜五 月川和雄 中瀬喜陽 桐本東太編

文化人類学・民俗学

日本人論・日本文化論

地理

F

日本史

265 日本人はどこから来たか——樋口隆康
420 日本神話の源流——吉田敦彦
444 出雲神話——松前健
668 日本人の起源——池田次郎
908 新版・卑弥呼の謎——安本美典
1092 三くだり半と縁切寺——高木侃
1096 信長と天皇——今谷明
1137 御家騒動——百瀬明治
1158 「反日感情」韓国・朝鮮人と日本人——高崎宗司
1208 王朝貴族物語——山口博
1209 「松代大本営」の真実——日垣隆
1224 江戸遊里盛衰記——渡辺憲司
1239 武士道とエロス——氏家幹人
1243 神風と悪党の世紀——海津一朗
1265 七三一部隊——常石敬一
1294 女人政治の中世——田端泰子
1313 名君と賢臣——百瀬明治
1322 藤原氏千年——朧谷寿
1330 「黄泉の国」の考古学——辰巳和弘 ★

〈新書日本史〉全8巻

423 倭国の世界——上田正昭
424 律令制の虚実——村井康彦
425 中世の開幕——林屋辰三郎
426 戦乱と一揆——上島有
427 近世の日本——高尾一彦
428 改革と維新——原田伴彦
429 近代の潮流——飛鳥井雅道
430 昭和の五十年——井上清 ★

〈新書・江戸時代〉全5巻

1257 将軍と側用人の政治——大石慎三郎
1258 身分差別社会の真実——斎藤洋一・大石慎三郎
1259 貧農史観を見直す——佐藤常雄・大石慎三郎
1260 鎖国=ゆるやかな情報革命——市村佑一・大石慎三郎
1261 流通列島の誕生——林玲子・大石慎三郎